AF368219

CO-CREACTION SPACE

EL MÉTODO QUE AYUDA A GENERAR RESPUESTAS A LOS RETOS ACTUALES CREANDO ESPACIOS PARA ACCEDER AL CONOCIMIENTO COLECTIVO

JAN VOS

KOLIMA
BOOKS

Título original: *Co-creaCtion Space. El método que ayuda a generar respuestas a los retos actuales creando espacios para acceder al conocimiento colectivo*

Primera edición: Julio 2021
© 2021 Editorial Kolima, Madrid
www.editorialkolima.com

Autor: Jan Vos
Dirección editorial: Marta Prieto Asirón
Maquetación de cubierta: Sergio Santos
Maquetación: Carolina Hernández Alarcón

ISBN: 978-84-18811-08-1

ÍNDICE

PRÓLOGO

Hay tres conceptos de este libro que enseguida han capturado mi atención por ser fundamentales en nuestra búsqueda de futuros más ciertos de la incertidumbre en la nos toca operar:

1. Co-creación de espacios
2. Conocimiento colectivo
3. Liderazgo Femenino

1. CO-CREACIÓN DE ESPACIOS

En un mundo intenso, cada día mas intenso, crear espacios es fundamental.

Espacios donde pausar, reflexionar, en los que vaciarnos de la tensión, polarización y confusión del día a día. Desde estos espacios físicos y virtuales se pueden crear las mejores condiciones para dar vida a la co-creación y la colaboración que tanto necesitamos.

Si piensas en lugares abiertos, ya la mente se relaja, se extienden la curiosidad y la innovación, demasiado tapadas en el día a día de nuestro correr y recorrer objetivos y *deadlines* que pensamos que son lo más urgente a lo que prestar atención.

En estos espacios podemos entrar solos, crear nuestros ritmos pero también podemos encontrar a muchas otras personas con las que entender, crear, soñar, hacer realidad lo que solos nunca conseguiríamos.

De hecho, desde mi experiencia la colaboración más eficaz ocurre cuando conocemos quién está a nuestro lado en estos nuevos espacios; cuanto mejor entendamos lo que limita y frustra a las personas que nos rodean y también sus motivaciones y aspiraciones, mejor será la calidad de nuestras interacciones y la capacidad de acelerar los resultados finales.

2. CONOCIMIENTO COLECTIVO

El elemento diferenciador entre los que van a liderar y los que se van a quedar atrás es nuestra capacidad de conectar con el conocimiento colectivo. Conseguir entender lo que es realmente relevante, la manera de aprovechar este conocimiento, fomentarlo, llevarlo a los miembros del equipo que más lo necesitan cuando lo necesiten es la clave.

La información a nuestra disposición ha aumentado exponencialmente: en la palma de nuestras manos, en nuestros móviles tenemos acceso a más información en un minuto que lo que han podido acumular en toda una vida los que han vivido tan solo dos generaciones atrás.

Pero toda esta información es inútil; de hecho nos está haciendo más daño que beneficio: estamos abrumados de información y la información, muchas veces distorsionada, confusa, se vuelve algo nocivo que nos confunde y nos hace tomar las decisiones erradas o nos paraliza.

Nuestra capacidad de crear conocimiento, útil, relevante, lo necesario pero no más de lo necesario es el punto álgido, es la meta.

Por supuesto que mucha esperanza se está poniendo en la Inteligencia Artificial; pero la capacidad del ser humano entender la relación causa efecto, de entender realmente y en profundidad, de apreciar elementos sutiles de relaciones con otros seres humanos, la capacidad de crear equipos unidos y capaces de resultados increíbles esto no puede sustituirlos ningún AI.

AI ahora mismo tiene soluciones limitadas a la información que se le ofrece y no en la experiencia de toda una vida de un ser humano: evaluar si este objeto que se está moviendo delante del coche con su piloto automático es un niño o un globo en forma de niño es algo imposible para AI y totalmente obvia para averiguar para el ser humano.

L@s ganador@s van a ser los que sepan co-crear este conocimiento colectivo, que sepan cómo generarlo de la manera más útil para proyectos, empresas, organizaciones y para las ideas que tanto necesitamos desarrollar. Sobre todo conectando este conocimiento con los seres humanos que tendrán que utilizarlo.

Este conocimiento colectivo es lo que solo se puede desarrollar en los espacios de co-creation y que se desarrolla de manera mucho más profunda, útil y eficaz cuando se involucren líderes femeninas.

3. LIDERAZGO FEMENINO

Nunca en la historia de la humanidad ha habido una era donde los rasgos femeninos hayan sido tan fundamentales para sobrepasar y también aprender de las crisis, urgencias e incertidumbre que nos rodean.

Noticias y estudios académicos están repletos de datos y estadísticas que muestran cuánto mejor naciones, organizaciones y grupos liderados por mujeres han superado crisis y mejorado sus resultados.

Estudiar por qué estos rasgos son tan importantes hoy, tener la capacidad de invitar al liderazgo femenino a dar lo mejor de sí, es lo que nos va a permitir tener éxito.

Ahora mismo las empresas y los sistemas económicos creados por hombres para hombres no permiten el pleno desarrollo de las capacidades femeninas.

Hay muchas organizaciones que ya han entendido y conseguido integrar las nuevas formas de ser, estructurarse, intercambiar, gobernar y tomar decisiones donde estas capacidades femeninas pueden emerger.

Tu éxito o tu desaparición depende de tu capacidad de entender, fomentar, aprovechar estos tres elementos con los que Jan a lo largo de décadas de experiencia ha conseguido experimentar, afinar, aplicar y mejorar hasta compartirlos ahora con nosotros.

Daniel Truran
Director general at Ebbf
(Ethical Business Building the Future)
B Corp Ambassador at B Lab Europe
Partner at NOW
Partners Professor of Impact Innovation

NOTA DEL AUTOR

He escrito este libro para dar a conocer una metodología de trabajo que espero pueda dar respuestas a algunos temas importantes que precisa el mundo actual:

- Crear espacios para parar, reflexionar y volver a la acción con fuerza.
- Crear espacios para buscar respuestas a los retos importantes que se nos presentan.
- Crear espacios para volver a conectar, co-crear y compartir.

En estos tiempos de polarización, en los que nos intentan convencer de que es necesario tener que elegir entre blanco o negro, esta metodología pretende romper el paradigma de tener que elegir entre yo o nosotros y introduce la posibilidad de enfocarse en yo y nosotros.

Haciendo memoria, la semilla de este libro de alguna manera se plantó en el 2010, cuando era director de Recursos Humanos de Kinepolis España, multinacional del sector cinematográfico. Recuerdo a la *Human Talent Manager* del Grupo, Martine Kestens, que propuso introducir una nueva herramienta para fomentar el aprendizaje contínuo en la organización: la intervisión. Al principio me sonó a concierto internacional de canto, pero la realidad fue bastante más seria.

Después de (in)formarme sobre la metodología, rápidamente me convencí de su utilidad y aplicabilidad. Empecé a formar a los equipos de la empresa en ella, lo que demostró tener gran valor. Las ventajas eran claras: implementación rápida, sostenible en el tiempo y poca inversión económica. Incluso había algunos grupos que después de un acompañamiento en el tiempo podían ser autónomos, lo que aumentaba su satisfacción («podemos hacerlo nosotros sin depender de nadie») y rendimiento.

En estos últimos diez años he aplicado la metodología, con éxito, en muchas organizaciones y me he permitido adaptarla, incorporando nuevos elementos que, en mi opinión, la han hecho más eficaz aún. De ahí nace el nombre «Co-creaCtion Space» (COCS), metodología que explicaré en detalle en este manual y que tiene multitud de campos de aplicación dentro y fuera de la empresa. En cualquier entorno en el que se encuentren grupos con una inquietud de querer cambiar las cosas, allí estará la COCS para acompañarlos de forma novedosa e eficiente.

El manual va dirigido a tres públicos diferentes:

1. Personas que comparten oficio o campos de interés y que buscan inspiración para encontrar respuestas a sus retos actuales y futuros. Imagínate un colectivo de enfermeros de distintos hospitales que juntan sus cabezas para encontrar formas de mejorar los protocolos de seguridad, o un colectivo de profesores de distintas universidades que reflexionan juntos para mejorar la experiencia virtual de los alumnos, o un colectivo de directores generales de empresas *retail* que unen fuerzas para encontrar respuestas accionables al proceso de transformación en el que se encuentra inmerso el sector.

2. Facilitadores, *coaches* y consultores que quieren disponer de una nueva herramienta para fomentar el aprendizaje contínuo en grupos pertenecientes a distintos ámbitos: organizacional, político y social.

3. Personas de empresa en posiciones de *management,* así como personas del departamento de Recursos Humanos que quieren comprender el potencial de está novedosa metodología que da respuesta a las necesidades actuales de los equipos de trabajo: conexión, confianza, transversalidad, sostenibilidad, aprendizaje y crecimiento profesional, así como personal. En un COCS se desarrollan las competencias necesarias para ser más resilientes en este mundo BANI[1].

Cómo es lógico, el manual no te convierte en un facilitador o guía experto de la metodología, pero sí te llevarás una idea muy nítida acerca del funcionamiento, aplicación y potencial del método. Te ofrezco un marco de trabajo y te aconsejo que lo hagas tuyo, con tu toque personal. Como la mayoría de las metodologías para el trabajo con grupos, lo que determina su éxito no es la herramienta, sino más bien es la persona que la ejecuta. Así que sigue invirtiendo en ti mismo.

Más adelante explicaré las diferencias que existen con otras metodologías de trabajo con grupos, pero quiero adelantarte la más importante. En la mayoría de ellas, usamos al grupo para avanzar como grupo. En COCS usamos el conocimiento colectivo del grupo para mejorar personal y profesionalmente impactando así mejor en nuestros contextos. El foco es el individuo y su entorno, y para ello usamos el grupo como herramienta. Obviamente también hay beneficios para el grupo que detallaré más adelante.

---

1   Término acuñado por Jamais Cascio, futurólogo en el área de San Francisco. BANI es un acrónimo para describir el mundo actual: *Brittle* (quebradizo, frágil), *Anxious* (ansioso), *Non-linear* (no lineal) e *Incomprehensible* (incomprensible).

1. INTRODUCCIÓN

En este capítulo daré una definición del Co-CreaCtion Space, al que de aquí en adelante me referiré en formato abreviado, COCS, para facilitar la lectura. Describiré qué es, para qué sirve y por qué aparece ahora en este mundo tan cambiante. Me parece importante hablar también de la historia de COCS, de dónde viene y cómo ha evolucionado. Después explicaré más en detalle qué objetivos se persiguen en el COCS y en qué se diferencia de otros métodos. Y termino el capítulo describiendo las condiciones necesarias para llevar a cabo un COCS con éxito.

DEFINICIÓN

El CO-CreaCtion Space consiste en un proceso estructurado de reflexión entre iguales con el objetivo de encontrar soluciones prácticas a sus retos. Gracias al COCS, las personas crecen en el ámbito profesional, así como en el plano personal, desarrollando a su vez competencias asociadas al liderazgo femenino.

COCS es un método innovador que permite vislumbrar el potencial infinito del conocimiento colectivo en grupos de trabajo. Los tiempos actuales, en los que lo único seguro son los cambios constantes, veloces y disruptivos, nos urgen a trabajar de otra manera como personas, empresas y como sociedad.

Como veremos más adelante, el COCS es un espacio en el que se consiguen varios objetivos. No obstante, el objetivo principal que se persigue es mejorar nuestra capacidad de tomar decisiones complejas y crear soluciones prácticas a nuestros retos actuales. En el COCS se trabaja de forma grupal, accediendo a la sabiduría colectiva del grupo y creando una entidad mayor que la suma de los individuos. Y se hace de forma eficiente ya que se materializa por medio de un proceso estructurado de reflexión conducida.

Uno de los principios rectores en los que se basa el COCS es el de dar y recibir. Este espacio funciona a pleno rendimiento si participas con una mente abierta y si estás dispuesto a experimentar nuevas formas de trabajar. La recompensa es grande: me gusta ver cómo las personas se emocionan al participar y crear algo que trasciende a uno mismo. De hecho, la sociedad actual necesita, ahora más que nunca, menos YO y más NOSOTROS.

Otro principio rector es la responsabilidad personal de cada uno de participar, mostrar su vulnerabilidad y llevar a cabo las acciones que ha propuesto. Sí, participar en un COCS es de valientes. Ahora bien, la metodología es tan potente que todo lo que das lo recibes de vuelta con creces. Por último, pero no menos importante, se precisa un compromiso de participar para la duración del trayecto entero, que suele prolongarse entre seis meses y un año con una frecuencia de una reunión mensual o bi-mensual.

¿Para qué sirve el COCS?

COCS nace para dar respuesta al cambio de paradigma que vivimos hoy. Los cambios técnologicos, climáticos y demográficos nos presentan retos de una complejidad superior. El impacto en las organizaciones es muy significativo y tenemos que encontrar nuevas formas de trabajar para dar respuesta a un mundo en cambio constante. Y no nos vale un poco de maquillaje; necesitamos transformar nuestra forma de ser, pensar y hacer.

Algunos dicen que entramos en la era humana. Yo prefiero llamarla la era CO, en representación de palabras clave que nos ayudarán a abordar estos retos: CO-operación, CO-participación, CO-creación y CO-responsabilización, por mencionar solo algunas. Los cambios y los retos suceden a tal velocidad que ningún individuo por sí solo dispone de todo el conocimiento necesario ni de la fuerza para abordarlos con éxito. Al parecer, el antiguo lema de Bélgica, «L'únión fait la forcé», [1] cobra nuevamente mucho sentido.

COCS facilita el acceso al conocimiento colectivo de grupos para reflexionar, ampliar nuestra visión, encontrar pistas hacia posibles soluciones, y finalmente para llevar a cabo los compromisos adquiridos; de ahí el componente ACCIÓN en el nombre de Co-CreACTION Space.

No cabe duda de que este contexto precisa de competencias nuevas. Para empezar a trabajar de otra manera necesitamos adquirir nuevas herramientas o volver a desarrollar músculo, atrofiado por falta de uso. El COCS sirve para desarrollar y poner en práctica estas nuevas competencias. Para mí van claramente asociadas al liderazgo femenino y resultan muy útiles a la hora de surfear las olas de los cambios actuales. Te presento una lista de las que para mí son las más relevantes en el contexto actual:

1. Apertura de mente
2. Aprender transversalmente de y con los demás
3. Diálogo con inteligencia emocional
4. Colaboración y trabajo en equipo
5. Análisis y resolución de problemas

---

1   «Juntos somos más fuertes» es un lema que tiene su origen en el movimiento sindical belga.

6. Construcción de redes y relaciones
7. Liderar el cambio
8. Creatividad
9. Encontrar soluciones que permitan ganar a todos

Aprovecho para aclarar que estas competencias no tienen que ver con ser mujer u hombre. Todo ser humano tiene potencial para desarrollarlas, y personalmente creo que las personas que lo hacen serán las que tengan éxito. Es verdad que en la actualidad aún existen muchas organizaciones en las cuales estas competencias brillan por su ausencia, y eso va en detrimiento de su sostenibilidad.

Martín González Frígoli[2] lo describe muy bien:

«Nos encontramos con un paradigma caracterizado, entre otras cosas, por considerar a las personas como meros recursos (pensemos en la noción de recursos humanos equiparada a los materiales), por no promover líderes ni estilos de liderazgo (sí jefaturas), por no facilitar el trabajo en equipo (sí el trabajo en grupo), por no auspiciar redes de conversaciones internas, ni el uso de las redes sociales, y por invertir mucho dinero en capacitaciones técnico-administrativas, desestimando las capacitaciones *soft* como comunicación, *coaching* o *mentoring*».

Por último, COCS sirve también para tener reuniones grupales más eficientes. Es verdad que la queja número 1 en las organizaciones es la falta de tiempo. A la vez, nos permitimos participar en reuniones poco productivas, lo que genera frustración entre sus miembros. Como dice Peter Senge[3]: «Es sorprendente con qué frecuencia se ven equipos con un

---

2   Martín Gonzalez Frígoli es doctor en Comunicación (PHD) y director general de AB Com.

3   Peter Senge es autor de la *Quinta disciplina* y director del Centro para el Aprendizaje Organizacional del MIT.

promedio de inteligencia superior a 120, pero que funcionan con una inteligencia colectiva de 60».

Está comprobado que por medio de un proceso estructurado de reflexión conducida, los grupos llegan a soluciones más creativas y de más impacto que la suma de las aportaciones individuales. A diferencia de las reuniones tradicionales, cada COCS es conducido por un profesional que garantiza el buen desarrollo del mismo. En el capítulo 3 encontrarás las competencias necesarias de las que tiene que disponer un conductor COCS, pero, de forma resumida, para mí es una persona que maneja muy bien una mezcla entre el arte y el foco en el proceso.

¿Cómo es el proceso COCS?

El proceso COCS consiste en un programa de trabajo de seis meses de duración con el siguiente recorrido:

- Seis sesiones con una frecuencia de una sesión al mes.
- Cada sesión tiene una duración de entre 1h 30 y 2h 30, según se establezca con el grupo.
- Grupo reducido de seis personas fijas que siguen todo el programa.
- El grupo trabaja en el caso de uno de los participantes.
- Los contenidos y los temas de debate son dinámicos y elegidos por el grupo.
- Se trabaja con casos reales y soluciones prácticas de inmediata aplicación a la realidad de cada situación empresarial.

En la variante COCS sectorial, en la cual se juntan seis profesionales con la misma función, se añade una parte de compartir las mejores prácticas y un experto invitado que cuente su experiencia.

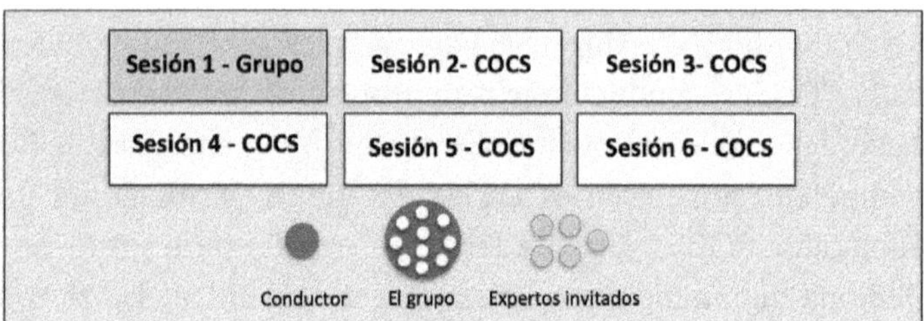

COCS «no es» una formación al uso, sino que es un programa de aprendizaje llevado a la acción que se construye y personaliza según las necesidades de los participantes.

La primera sesión es vital para construir la confianza necesaria en el grupo. Junto a los participantes se establecen las reglas del juego. Estos aprenden la metodología de trabajo y eligen temas que les parece importante trabajar. Las siguientes sesiones tienen la misma estructura, que he denominado PIVOTA.

En el apartado 2.2. explicaré con más detalle todo el recorrido de un proceso COCS con sus correspondientes variantes.

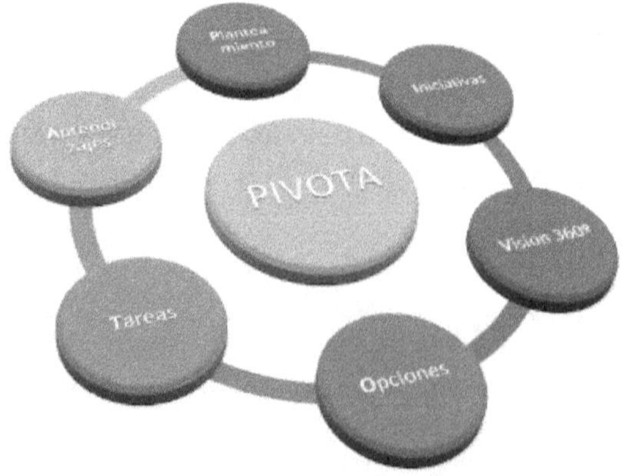

¿Cuál es el valor de cada sesión?

* COCS es un espacio dinámico, interactivo y multidireccional
* Durante las sesiones se precisa del conocimiento, bagaje y experiencia de cada participante
* La satisfacción de aportar a la solución de los problemas de otros es máxima
* Formamos parte de una nueva entidad mayor que la suma de las partes, contribuyendo a crear algo más grande que nosotros mismos
* Aprendemos a través de los casos de otros creando valor para nuestro propio negocio o situación
* Múltiples visiones ofrecen una mirada 360º de mi caso a la que «yo solo» no llegaría
* Nos llevamos soluciones prácticas creadas específicamente para atender a las necesidades y la realidad actual del negocio o situación de cada uno

¿Cuál es el valor del grupo?

En un COCS constituimos un grupo de trabajo de una riqueza única:
* Todos los participantes cuentan con una experiencia sólida en el mercado y enfrentan retos parecidos.
* Todos somos líderes experimentados que compartimos valores y actitudes.
* Grupo reducido y exclusivo pues no todo el mundo puede participar.
* La confidencialidad es una piedra angular del proyecto.
* Se generan relaciones de confianza con nuestros pares dentro y fuera de las sesiones.

- Se establece una línea directa con nuestros pares para consultas, reflexiones, solicitar visión...
- Creación de alianzas y proyectos compartiendo sinergias.

¿Quién puede participar en un COCS, a quién va dirigido?

El COCS genera espacios que sirven a todo aquel que tiene una inquietud por mejorar y que no se conforma con el *statu quo*. En un COCS puedes aportar a la creación de una entidad mayor y salir más enriquecido como persona y como profesional. Aprendes nuevas formas de trabajar basadas en el principio del dar y recibir, y generando así altos grados de pertenencia.

Existen multitud de colectivos que pueden sacar provecho de trabajar en un COCS.

Colectivos intra-organizacionales

Un COCS se organiza en grupos de entre seis y diez personas en los que se puede tratar cualquier tema, siempre que la persona que lo presenta tenga la voluntad y la capacidad de provocar un cambio en la situación en la que se encuentra. Aquí incluyo una lista ilustrativa de temas que podrían ser tratados en la sesión:

- Mejorar competencias clave para tu función, como por ejemplo:
  - √ Desarrollar tu poder de negociación con proveedores para mejorar la cuenta de resultados
  - √ Mantener conversaciones de rendimiento con tu equipo
  - √ Establecer objetivos retadores e ilusionantes para un colaborador

- Definir/entender mejor tu rol y responsabilidad
- Influir mejor en profesionales de otros departamentos generando más colaboración y respuestas más ágiles, lo que resulta en más negocio
- Resolución de conflictos y mejora del modelo relacional con los compañeros
- Mejorar tu posicionamiento estratégico en el mercado, aumentando así los resultados con ciertos clientes clave

Para grupos intra-organizacionales, los mejores resultados se dan si la participación es voluntaria. Es verdad que el *sponsor*[4] del proyecto tiene que convencer a los colaboradores acerca de la utilidad de la herramienta; todo un reto porque es un método que debe experimentarse para entender realmente su valor. En el capítulo 5 explicaré más en detalle las condiciones necesarias para poder organizar un COCS en empresas.

Un ejemplo típico de un planteamiento intra-organizacional es un grupo de *managers* que trabaja de forma guiada durante seis meses con una reunión mensual de entre dos y tres horas de duración. A los seis meses se convierten en un grupo autónomo y los miembros se auto-organizan intercambiando los distintos roles necesarios para su buen funcionamiento. Los *managers* comparten retos que tienen con sus correspondientes equipos y negocios.

OJO: Es importante que los miembros de un grupo COCS se elijan con cuidado: no juntamos miembros de un mismo equipo natural (en este caso estaríamos ha-

---

4   Es la persona que promueve la iniciativa en la empresa. Puede ser del departamento de Recursos Humanos, de la Dirección General o el superior directo del equipo.

blando de un *coaching* de equipos), pero sí se podría formar un COCS con miembros de distintos equipos de *marketing* responsables cada uno de una región geográfica distinta. También se podría juntar a directores de distintas fábricas de la misma empresa.

La característica fundamental que comparten todos los grupos es que sus participantes son pares que pueden conversar libremente sin una jerarquía presente. Sin confianza el COCS no puede funcionar.

Grupos extra-organizacionales

Esta modalidad de COCS consiste en un grupo de profesionales, cada uno de distintas empresas, que se reúnen con el objetivo de mejorar personal y profesionalmente.

Por un lado, pueden ser dueños de empresas que buscan el consejo de compañeros. El perfil típico sería el dueño de una pyme que está creciendo pero no tiene tamaño suficiente para tener su propio consejo de administración compuesto de profesionales. En un COCS pueden compartir dudas sobre su estrategia y cómo encontrar soluciones junto al grupo. Obviamente esa persona puede aportar igualmente sus ideas a los otros participantes.

Otra alternativa es un grupo de profesionales de, por ejemplo, Recursos Humanos. La gran diferencia que existe con los foros de *networking* es que en un COCS se trabaja durante varias sesiones para generar la suficiente confianza para que cada uno pueda compartir sus inquietudes y retos reales, de manera que sus compañeros de grupo le ayuden a encontrar posibles vías de solución. El objetivo de un *networking* es vender(se) y mostrar tu lado más positivo. Un COCS es un espacio de trabajo basado en la confianza, donde a lo que se va es a entender y enriquecerse del conocimiento de los demás.

Tabla 1. Diferencia entre *networking* y COCS:

NETWORKING TRADICIONAL	CO-CREACTION SPACE
• Realidad parcial	• Realidad total
• Venderse	• Soluciones reales
• Apariencia	• Transparencia - confianza

En un COCS de Recursos Humanos se pueden tratar multitud de temas, aparte de los casos específicos de cada director de Recursos Humanos pueden surgir debates alrededor de los siguientes contenidos:
- Tecnología y digitalización: los retos para Recursos Humanos en un nuevo entorno híbrido.
- Nuevas generaciones: compromiso y motivación.
- Atracción del talento: encaje cultural y diversidad.
- Nuevos formatos organizativos: holocracia[5], *Teal*[6], etc.
- Recursos Humanos como *partner* estratégico.
- Gestión de personas y equipos en tiempos de crisis tipo COVID.

Un COCS puede ser de máxima utilidad para cualquier colectivo que tenga áreas de trabajo o interés en común y que adquiere el compromiso de trabajar, aprender y mejorar junto a sus compañeros de profesión.

---

5   Sistema inventado por Brian Robertson, fundador de Ternary Software, que redistribuye la autoridad y el poder de decisión a través de una organización, donde no se define por títulos o jerarquías sino por roles.

6   Las organizaciones *Teal* son un nuevo modelo organizativo creado a partir de la publicación en 2014 del libro *Reinventando las organizaciones* de Frederic Laloux.

Es verdad que los ejemplos mencionados son aplicaciones en el mundo organizacional, pero el COCS no se limita únicamente a este contexto. Ha demostrado ser muy útil en otros, como por ejemplo, el educativo, en asociaciones, colegios profesionales, etc. Los comentaré con más detalle en el capítulo 7.

En definitiva, el COCS es una herramienta que aporta valor en cualquier entorno en el que colaboren personas que busquen mejorar profesional y personalmente trabajando de forma honesta, transparente, generosa y en confianza.

HISTORIA

El origen de la intervisión procede del mundo terapéutico, en el que terapeutas se reunían para presentar casos problemáticos que tenían en sus correspondientes consultas para reflexionar sobre ellos con compañeros de oficio sin que hubiera una figura jerárquica presente, lo que convertiría la cita en una sesión de supervisión. También se ha inspirado en el movimiento japonés KAI-ZEN, en el cual grupos de profesionales se reúnen al final de cada turno de trabajo para comentar lo que ha funcionado y qué se puede mejorar para buscar así la mejora continua.

Mientras que en Bélgica y Holanda la metodología se conoce con el nombre de *intervisión* (Intervisie), en Francia y Canadá la están utilizando con el nombre de grupos de co-desarrollo. En EE.UU. existe otra variante bajo el nombre de Action Learning, y en Reino Unido hablan de *Peer-to-Peer Coaching*. Cada uno de ellos tiene su propia identidad, foco y proceso, pero todos tienen en común el aprendizaje transversal en las organizaciones.

El método COCS tiene la misma base que los demás métodos, pero es más eficaz por introducir otros elementos que lo convierten en una versión adaptada a los tiempos actuales, ganando en eficiencia y profundidad. Como cualquier proceso de desarrollo y aprendizaje no es fácil, pero los participantes valoran especialmente la confianza que se genera entre ellos, el poder salir de la rueda frenética del trabajo diario y, sobre todo, la practicidad, ya que se trabaja con casos reales de los participantes, sin olvidar, claro está, la mejora en las competencias clave para los tiempos actuales. Gracias a la energía renovada y a las visiones complementarias se sienten con ganas de aplicar lo aprendido el día siguiente.

El valor diferencial del COCS en comparación con otros métodos radica en los siguientes elementos:

- Colectivos objetivo: el método COCS no se limita únicamente a colectivos intra-organizacionales, ya que ha sido especialmente adaptado para poder ser aplicado igualmente a colectivos extra-organizacionales, tal como hemos indicado con anterioridad. Hay temas como la confidencialidad, la confianza y la periodicidad que necesitan ser tratados de forma diferente con los distintos colectivos.

- El enfoque y foco de las sesiones: la mayoría de los métodos que fomentan el aprendizaje organizacional entre sus miembros empiezan las sesiones con una ronda en la que los participantes presentan brevemente sus problemas para luego elegir en qué caso trabajarán en la sesión. Por contra, en el COCS usamos la metodología de la indagación apreciativa[7] para exponer los temas correspondientes.

---

7 Es una metodología que impulsa el cambio, incrementa las fortalezas y las convierte en hábitos, promueve el crecimiento, la ilusión y la motivación.

En vez de enfocarnos en problemas, invitamos a los participantes a formular objetivos que les gustaría alcanzar en el futuro. La razón es evidente: cuando invitas a una persona a una reunión, no vendrá con la misma actitud si se le pide hablar de sus problemas o de sus retos, proyectos u objetivos. De hecho, recuerdo comentarios al inicio de reuniones del estilo: «Ya tengo suficientes problemas; no me apetece ir a una reunión para hablar de más problemas».

En COCS permitimos a los participantes soñar. Generamos un anhelo provocando una energía positiva para luego convertir los sueños en realidades muy aterrizadas. Cuando invitas a las personas a hablar de algo positivo como retos, deseos, etc., su predisposición cambia, igual que la energía con la que empezamos a trabajar. Obviamente esto no significa que la palabra «problema» esté prohibida en el COCS, porque muchas veces lo que trae la persona simplemente lo es.

Otro tema fundamental de la mirada apreciativa es enfocarnos en lo que ya tenemos, no en lo que no tenemos. Es un cambio de perspectiva que tiene un impacto muy importante en las personas. Si partimos de la escasez, de lo que no tenemos, podemos encontrarnos rápidamente con un desánimo y una sensación de incapacidad, lo que impedirá que avancemos. Si por el contrario nos enfocamos en lo que sí tenemos y en cómo lo podemos usar para acercarnos al objetivo, pondremos a las personas en movimiento. El movimiento nos muestra nuevas posibilidades y según avanzamos cambiamos, descubriéndonos como personas.

- Visión sistémica: la visión sistémica parte de la definición de sistema «como un conjunto de personas que se relacionan e interactúan entre sí para lograr un objetivo común». Toda modificación en lo individual da como resultado una modificación en lo grupal. Las organizaciones son sistemas complejos y por ello en el COCS no trabajamos únicamente los casos personales de los participantes, sino que lo hacemos teniendo en cuenta su contexto, su entorno. De esta manera se genera una visión global sobre su funcionamiento y de los distintos impactos directos e indirectos que puedan tener las acciones propuestas por los participantes.

- Acceso al conocimiento implícito en grupos. Gracias a las técnicas usadas en el COCS, los participantes son capaces de acceder al conocimiento colectivo implícito del grupo. El conocimiento implícito o tácito permite encontrar soluciones creativas a los desafíos que se presentan en el COCS. Ahora bien, el acceso al conocimiento colectivo tiene su dificultad y va más allá de juntar a un grupo de personas y esperar que la magia ocurra. Se precisan técnicas especializadas y un entorno adaptado para que se produzca.

  McAdam[8] define el conocimiento tácito como «conocimiento práctico desarrollado desde la experiencia directa y la acción, altamente pragmático y específico de la situación, entendido y aplicado subconscientemente, difícil de articular, usualmente compartido a través de la conversación interactiva y la experiencia compartida».

Y esto es exactamente lo que hacemos en COCS. Gracias a la preparación del guía COCS, activamos los conocimientos del inconsciente de los participantes y los ponemos al servicio del grupo. Dicho de otra manera: hacemos aflorar informa-

---

8   Rodney McAdam es profesor de *Management* e Innovación en la Universidad de Ulster.

ción que los participantes sabían pero que no sabían que sabían. Se accede a información que en una conversación de tú a tú no saldría ya que es la combinación de ideas de diferentes personas con la que se llega a creaciones nuevas y muchas veces sorprendentes, de manera que se posibilite el 1+1 =3.

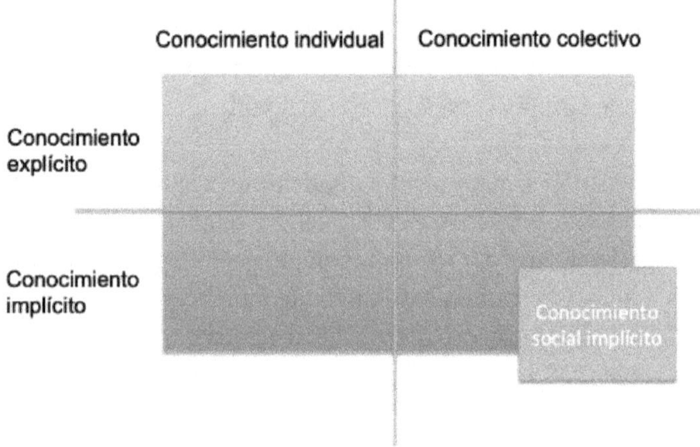

OBJETIVOS

Como comenté con anterioridad, el COCS persigue varios objetivos. El objetivo principal es el crecimiento profesional y personal, encontrar soluciones prácticas a los retos, y desarrollando competencias asociadas al liderazgo femenino. No obstante, quiero explicar más en detalle los cinco sub-objetivos más relevantes que están al servicio del objetivo superior:

1. Toma de decisiones: Todos los días tomamos decisiones que nos afectan a nosotros y a nuestro entorno. Dependiendo de la función que ocupemos, las decisiones pueden ser complejas y de un impacto importante en la organización. Si a la ecuación le añadimos la velocidad de cambio que vivimos actualmente y la no disponibili-

dad de información adecuada o completa, obtendremos un cóctel potencialmente explosivo, en primer lugar, para la persona que toma la decisión y, en segundo lugar, para las personas que se ven afectadas por la misma.

Sobra decir que esto genera altos grados de estrés y muchas inquietudes. En un COCS, el grupo te ayuda a plantearte preguntas para que amplíes tu perspectiva, tomes distancia y puedas ver con gran angular. A veces la carga emocional no te permite ver con la suficiente claridad y los compañeros te pueden ayudar a que tomes las decisiones con más sosiego y amplitud de miras.

2. La empresa inteligente: Peter Senge[9] hablaba ya en la década de los 90 de la empresa que aprende. Treinta años más tarde sigue siendo de lo más actual. Muchas empresas están persiguiendo como el Santo Grial que la información fluya de forma transversal en la organización, que el conocimiento no se pierda, que aprendamos de nuestros errores y que nos hagamos más listos basándonos en las experiencias de los compañeros. Aunque la tecnología parece la respuesta perfecta, muchas veces no se obtienen los resultados deseados porque falta trabajar el factor humano.

El COCS es el espacio idóneo para generar una empresa con un ADN aprendiente poniendo en práctica los principios de la Agilidad buscando la mejora continua. Gracias al intercambio de experiencias, de *best practices,*[10] o simplemente gracias a la creatividad presente en

---

9   Peter Senge es autor de la *Quinta disciplina* y director del Centro para el Aprendizaje Organizacional del MIT.

10   Son las mejores prácticas o un conjunto coherente de acciones que han rendido un buen, o incluso un excelente servicio, en un determinado contexto y que se espera que, en contextos similares, rinda similares resultados.

el grupo, los participantes son capaces de generar ideas y soluciones a las que por sí solos no hubieran sido capaces de llegar. Muchas veces, por falta de tiempo, el ego u otras excusas, no sabemos realmente a lo que se dedican en otra parte de la empresa. En un COCS podemos desmontar creencias tan típicas como: «Los de Marketing son...», «Los de Finanzas siempre...». Si entendemos mejor a los demás y les aceptamos como son, estaremos creando terreno fértil para producir una colaboración verdadera, la empatía puesta en acción.

3. Visión 360º: Aunque ya lo mencioné en el punto 1, quiero hacer hincapié en la importancia de la diversidad de opiniones, lo que genera una visión más amplia en los participantes. Podrías decirme que para tener opiniones te vas al bar, y tendrías razón, pero permíteme cuestionar la calidad del consejo que te estarían dando. De forma natural, las personas formulamos nuestros consejos basados en nuestros (pre)juicios. Damos rienda suelta a nuestro ego, que dispara a diestro y siniestro. Rodearnos de personas con visiones diferentes y divergentes nos permite ampliar nuestra mirada e incorporar nuevas posibilidades para abordar nuestros desafíos.

    Por lo tanto, si queremos realmente ayudar a nuestros compañeros tenemos que empezar a practicar la escucha activa y el arte de las preguntas poderosas. Y es exactamente lo que se hace en un COCS. Prestamos mucha atención a la calidad de la escucha y de las preguntas, que son generadores de puentes hacia terrenos no explorados para nuestros compañeros. Allí es cuando se generan los «momentos `aha´» de generación de alternativas que no tenía pensadas nuestro interlocutor.

    La calidad de las preguntas y la escucha se aprenden de la mano del guía COCS y permitirán construir un plan de acción 100% personalizado al que se comprometerán nuestros compañeros. Es verdad que a veces tenemos tantas cosas en la cabeza que necesitamos clarificar. El entorno COCS nos ayuda en este proceso de clarificación porque nos permite priorizar y poner foco.

4. Apoyo y confianza: Si lo piensas por un momento, te darás cuenta de que en la empresa no existen muchos espacios o momentos en los que te sientes realmente apoyado y en los que puedes hablar en confianza. El COCS facilita el desarrollo de una red de relaciones que te apoyan en momentos de incertidumbre o vulnerabilidad. Este es un pilar básico que se persigue en un COCS y sin él su celebración sería prácticamente imposible. Nuevamente entra en juego el rol del guía de la experiencia, que más adelante detallaré.

Ya no es algo puntual el que escuchemos a personas comentar que el ritmo actual provoca altos grados de estrés. Un amigo mío, Iñaki Pérez[11], añade: «Nos encontramos en un momento esquizofrénico en el que las personas buscamos seguridad en un mundo de incertidumbre que va *in crescendo*». El COCS nos ayuda a reducir nuestros niveles de estrés y nos refuerza para poder vivir con menos ansiedad. También se trabaja en la confianza de no tener todas las respuestas pero sí las herramientas para llegar a ellas.

....

Trabajamos con la confianza de no tener todas las respuestas, pero sí las herramientas y la compañía necesarias para llegar a ellas.

....

____

11   Iñaki Pérez es fundador de Aylasearching y Evolution Coach y *Facilitator Member* en Cocoon Pro.

5. Autoconocimiento: El paso más importante en el desarrollo profesional de una persona es el autoconocimiento. Obviamente el conocimiento técnico es importante para su función, pero muchas veces la insatisfacción no viene por la parte técnica, sino por problemas de interrelación con los demás. De ahí la importancia de conocernos a nosotros mismos para poder entender a los demás. A las personas que lideran a otros siempre les pregunto: «¿Cómo vas a liderar a otros si no te lideras a ti mismo?». En un COCS te ayudamos a descubrir tus fortalezas y a potenciarlas para enfrentarte mejor a tus retos profesionales.

Si enmarcamos estos objetivos en el contexto actual del mundo empresarial, creo que rápidamente podemos llegar a la conclusión de que el COCS es una herramienta que da una respuesta idónea a las preguntas que muchas empresas están formulándose ahora mismo:

- ¿Cómo conseguimos el *engagement* de nuestros colaboradores?
- ¿Cómo podemos seguir siendo competitivos en un mercado marcado por un cambio constante y veloz?
- ¿Cómo conseguimos ser una empresa inteligente que aprende de sus errores, que fomenta la creatividad, en la que la información fluye y donde no se pierda el conocimiento?

DIFERENCIA CON OTROS MÉTODOS

En los apartados anteriores he descrito lo que es un COCS. Ahora me gustaría ver la diferencia con otros métodos y aclarar lo que no es un COCS.

El COCS no es formación, ya que no se muestran nuevos modelos teóricos. Sin embargo sí aprendemos de ello. En un

COCS partimos de la base de que los participantes disponen de la experiencia necesaria y de una actitud abierta para poder solucionar los casos que se presentan. Puede que cuando arranque un grupo COCS, el guía de la experiencia tenga que aclarar algunos conceptos (como, por ejemplo, el impacto de las creencias), pero el objetivo no es ser una sesión formativa.

El COCS tampoco es *coaching* de equipos, ya que el objetivo no es el desarrollo de un equipo sino la resolución de problemas a los que este se enfrenta en su día a día en el entorno laboral. Si el grupo con el que se trabaja es un equipo se centrará en problemas que no tienen que ver con personas que están presentes en el COCS. Obviamente la calidad de las interacciones en el equipo influirá en los resultados obtenidos en el COCS.

El COCS tampoco es supervisión. En un COCS participan compañeros de trabajo sin que esté presente un experto en contenidos. En un COCS nadie es más experto que otro. El guía de la experiencia COCS se dedicará a vigilar la calidad del proceso, no a la resolución de los casos.

Creo que la diferencia fundamental con otros métodos grupales, como la *Open Space Technology*[12], radica en el foco del trabajo. En la mayoría de los métodos grupales el foco está en generar *insights*[13] para el grupo usando su sabiduría. En un COCS ponemos la sabiduría del grupo al servicio del caso concreto de una persona que decidimos trabajar de forma grupal. Es verdad que en un COCS todos aprendemos, pero el foco inicial del trabajo son los individuos, no el grupo.

---

12   La *Open Space Technology* ideada por Harrison Owen es un método para organizar y organizar una reunión o conferencia de varios días, donde los participantes son invitados para centrarse en una tarea o propósito específico e importante.

13   Término del inglés que se puede traducir al español como «visión interna» o más genéricamente «percepción» o «entendimiento». Mediante un *insight* el sujeto «capta», «internaliza» o comprende una «verdad» revelada.

Me gustaría terminar este apartado definiendo lo que sí es un COCS. Para mí, el COCS es sinónimo de aprendizaje colaborativo, aprender de otra manera, de manera más profunda. Podríamos decir que, por medio de la indagación, la re-formulación del problema y la reflexión, el COCS hace evolucionar el Aprendizaje de Bucle Único (*Singlelooplearning* o Foco en el Proceso) hacia un nivel superior, hacia el nivel del Aprendizaje de Bucle Doble (*Doublelooplearning* o Foco en la Persona), conforme lo formuló Chris Argyris[14].

Desde pequeños vemos el mundo de modo lineal, donde la relación causa-efecto nos parece algo natural. Esta forma de pensar la trasladamos a la empresa y utilizamos nuestras creencias generalizadas sobre lo que hay que hacer y cómo hacerlo.

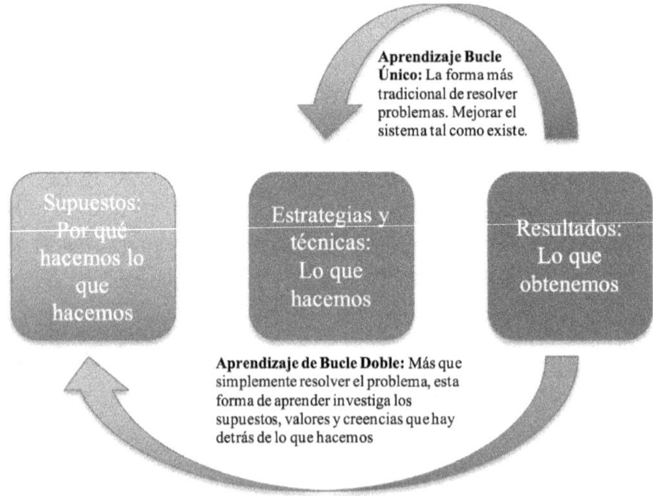

14   Chris Argyris es titular de la cátedra James Bryant Conant de Educación y Comportamiento Organizacional en la Harvard Business School, director emérito de The Monitor Company y un reconocido experto en aprendizaje organizacional.

El Aprendizaje de Bucle Único es la forma en que aprendemos a reaccionar ante un suceso con la información que tenemos con el fin de obtener un determinado resultado. Sirve para solucionar los problemas y reaccionar ante sucesos, pero ignora el origen del problema.

El Aprendizaje de Bucle Doble nos hace cuestionar los modelos mentales y las convicciones que usamos para tomar nuestras decisiones. Una vez que tomemos conciencia de cómo estas creencias determinan nuestro comportamiento, seremos capaces de cambiar y obtener resultados diferentes sostenibles en el tiempo. Ahí es donde se produce la transformación real de la persona.

CONDICIONES PARA EL COCS

Para el buen funcionamiento de los grupos COCS dentro de una empresa es importante resaltar que son espacios de trabajo, así que se organizan en horario de trabajo. Los participantes son compañeros, pares, y en principio no se permite la presencia de jefes. Por lo general no nos comportamos del mismo modo cuando está presente alguien que puede despedirnos. Tengo experiencia con un grupo COCS en el que sí estuvo presente el jefe, pero fue una situación excepcional y el nivel de madurez de los participantes era muy elevado. Un COCS extra-organizacional, también aconsejo hacerlo en horario de trabajo, pero en este caso se buscará una solución que cubra las necesidades de sus integrantes.

No todas las culturas de empresa están preparadas para organizar un COCS. Si no disponemos de los ingredientes necesarios, como la confianza, el compromiso y el permiso de cometer errores, mi consejo es que es mejor que ni empecemos un COCS, ya que los resultados podrían ser contraproducentes. En el capítulo 6 entraré más en detalle en cómo podemos implementar COCS dentro de las organizaciones.

La buena noticia es que ya existen muchas empresas que están experimentando con nuevas formas de trabajar. En este sentido está comprobado que los resultados de un proceso COCS van mucho más allá que el desarrollo de sus participantes; impactan a nivel organizacional rompiendo silos, impulsando procesos de cambio, mejorando la comunicación y el compromiso de los equipos.

Una condición necesaria para que un COCS sea percibido como útil es que la calidad de los casos presentados sea la adecuada. Es decir, no ayuda el que los participantes presenten temas de poco calado como, por ejemplo, cómo ordenar mejor la sala de reuniones. Los participantes se comprometen mucho más si pueden ayudar a resolver temas con los que una persona lleva luchando durante tiempo, respecto a los cuales haya intentado ya varias cosas pero que se sienta un poco bloqueada con el tema.

Además, es imprescindible que los participantes presenten temas de los que ellos sean dueños. Poco sentido tiene traer como tema la política retributiva de la empresa. En contra, un caso válido sería el reto que tiene un colaborador a la hora de ponerse en valor y conseguir sus objetivos económicos y de reconocimiento.

A modo de resumen, las condiciones necesarias para que un proceso COCS tenga éxito son:

- Compromiso de la organización de reservar tiempo, y de los participantes de participar activamente hasta el final del proceso.
- Confianza entre los participantes, honestidad y transparencia.
- Confidencialidad: lo que se habla en un COCS se queda en un COCS.

- Permiso del error: estamos aquí para aprender, no para reprender.
- Apertura a opiniones diferentes, a experimentar nuevas formas de trabajar.
- Generosidad: pongo mi experiencia a disposición aportando para crear algo más grande.
- Responsabilidad de asumir lo que es mío, de preparar mi caso, de ponerme en acción y de explorar nuevos caminos.
- Ausencia de jerarquías (aunque se pueden hacer excepciones en casos concretos).
- La presencia de un guía COCS para conducir al grupo en su proceso de aprendizaje.

2. ESTRUCTURA BÁSICA

En este capítulo entramos de lleno en la estructura básica de la metodología COCS. Explico la importancia de tener un guía para organizar reuniones productivas y luego, de forma muy detallada, dibujo el esquema de un COCS, explicando los pasos precisos de todo el proceso con las siglas PIVOTA. Sigo haciendo hincapié en el valor principal de un COCS: las personas. Explico cómo gracias a los roles que ocupan, las conversaciones fluyen. Y termino resaltando algunos consejos y advertencias relacionados con las distintas fases del proceso para finalmente presentarte un *checklist* que te permita hacer un control de calidad del acontecimiento.

RESULTADOS GRACIAS A CONVERSACIONES ESTRUCTURADAS Y GUIADAS

¿A quién acudimos cuando estamos un poco atascados con un asunto profesional? La respuesta generalmente dependerá del tema, porque puede ser un compañero de trabajo, un superior, un amigo, o también cabe la posibilidad de que me quede dando vueltas recreándome con mi pensamiento rumiante. En todo caso, tomar un café con un compañero o consultar con la almohada puede darnos la respuesta, o como mínimo tranquilizarnos. La pregunta que surge es: ¿hemos resuelto el tema o hemos comprado tiempo para enfrentarnos a ello más adelante? (la mayoría de los temas no resueltos suelen volver como un búmeran).

Por otro lado, hablando con muchas personas que trabajan en empresa, confirman su problema número 1: «No tenemos tiempo», mientras que por otro lado nos permitimos perder un tiempo valioso en reuniones improductivas.

Lo que tienen en común las dos situaciones mencionadas es la falta de estructura de las conversaciones, lo que lleva a multitud de distracciones, pérdidas de tiempo y una posible falta de atención a los resultados de las mismas (concreción, plan de acción, etc.), dando lugar a la frustración y desmotivación de los participantes.

Sin pretender quitarle el valor al hecho de tomar un café o a las reuniones de equipo, creo que las reuniones guiadas estructuradas generan múltiples beneficios que afectan positivamente a la motivación de sus participantes. En el COCS he descubierto los siguientes:

- Seguridad: Existen personas que sienten miedo, vergüenza o reparo a la hora de hablar de sus sueños o problemas. La estructura que se utiliza en un COCS les da seguridad porque al inicio se explican todos los pasos que se van a seguir y además hay un guía que genera y sostiene este espacio de confianza y seguridad.

- Practicidad: En el COCS se habla de lo que nos pasa en nuestro día a día, se profundiza en ello y se exploran posibles vías de solución. Por ello, los participantes de un COCS lo encuentran muy práctico y de aplicación inmediata a su entorno laboral. De hecho, se llevan un plan de acción elaborado al final de la sesión. Además, terminamos cada COCS con un momento de reflexión sobre el proceso de trabajo que se ha seguido. Respondemos a preguntas como:

√ ¿Qué tal hemos trabajado juntos hoy?

√ ¿Cuál ha sido la calidad de nuestras preguntas y reflexiones?

√ ¿Qué podemos mejorar en nuestra próxima sesión?

√ ¿Qué herramienta podemos incorporar?

Todas estas preguntas ayudan a mejorar la calidad del trabajo realizado en el grupo y así crecer juntos como individuos, y también como colectivo.

- Compromiso: En un COCS el compromiso se presenta como un elemento indispensable, así como una consecuencia del trabajo en el mismo. Por un lado, es fundamental contar con el compromiso de los participantes para poder trabajar durante un periodo prolongado de tiempo. Por otro lado, he podido comprobar cómo la confianza, la calidad del trabajo y el mismo compromiso van creciendo en el grupo. Este compromiso aumenta gracias a los resultados que los participantes van percibiendo según pasan las sesiones. Sobre todo cuando observan que la persona con quien se ha trabajado en una sesión cuenta sus progresos en la sesión siguiente. Además de llenarse de orgullo por haber participado en la ideación de la solución, comprueban cosas que funcionan para otros que podrían servirles también a ellos mismos.

OJO: Un COCS no es una varita mágica que al ponerla en marcha funciona perfectamente a la primera. Un grupo COCS al inicio se centra más en generar confianza, en aprender la metodología y, ya por último, en buscar soluciones a temas concretos propuestos por los participantes.

Según evoluciona, el grupo va cogiendo confianza y su foco de trabajo se amplía a otros temas como:

- Evolución de foco en la tarea a foco en la indagación profunda en las personas, sus motivaciones, emociones y el cambio de comportamiento.
- Evolución de foco únicamente en la solución a también poner foco en el proceso de aprendizaje en sí mismo.
- Aprender nuevos métodos de aprendizaje.

Obviamente, esta evolución no se produce de forma automática sino que se produce gracias a la experiencia del guía y al compromiso de los participantes. Como todo proceso de aprendizaje, no se produce conduciendo como si estuviéramos en una autopista, sino más bien como si hiciéramos El Camino de Santiago, con sus penas, alegrías y sus repechitos correspondientes. Eso sí, en buena compañía y con objetivos claros por delante.

EL PROCESO EN UNA REUNIÓN COCS

Una vez constituidos los grupos arrancará el proceso de las reuniones. En cada reunión se aplica el mismo proceso, llamado PIVOTA, que consiste en seis fases:

1. Planteamiento
2. Iniciativas
3. Visión 360º
4. Opciones
5. Tareas
6. Aprendizajes

En este capítulo explicaré en detalle cada una de las fases.

Antes de entrar en las distintas fases quiero explicar el hilo conductor que se mantiene durante todo el proceso: el enfoque en lo positivo. Este se ve reflejado en todas las fases, y muy especialmente en la fase de las iniciativas. En vez de traer problemas se les pregunta a los participantes más lo que quieren conseguir, y menos lo que se quiere evitar. Me gustó la metáfora que utiliza Bannink[15] en su libro sobre intervisión: es como coger un taxi. Cuando lo coges no dices de dónde vienes, sino más bien adónde quieres ir.

En la fase Visión 360º, los compañeros ayudan al cliente[16] a encontrar sus fortalezas y aliados para conseguir sus objetivos. También le ayudan a tomar consciencia de sus creencias limitantes inconscientes para intentar convertirlas en ideas más potenciadoras.

En la última fase de aprendizajes se intenta buscar lo que ha funcionado para potenciarlo en el futuro. Obviamente se pueden mencionar elementos a mejorar, pero sin que el foco de las conversaciones se centre únicamente en lo negativo. El foco en lo positivo da energía para crear y avanzar.

En lo que sigue expongo el detalle de las seis fases del proceso PIVOTA:

---

15   *Positieve Supervisie* en Intervisie. Frederike Bannink. Ed. Hogrefe, Amsterdam 2012.

16   El cliente es la persona que el grupo ha elegido para trabajar su caso personal. En ese momento, los demás participantes se ponen su gorra de *coach* y empiezan a trabajar para él.

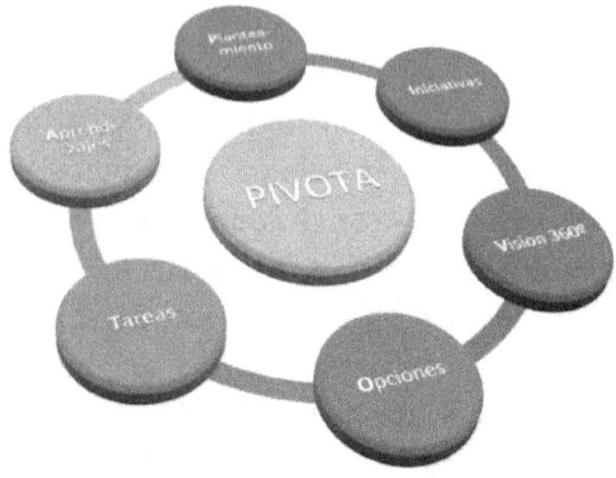

Fase 1 PIVOTA: Planteamiento

Toda reunión empieza con un planteamiento inicial que contiene los siguientes elementos:
- Bienvenida
- Marco general
- Generación de confianza
- Alianza de trabajo

La duración de esta fase es de aproximadamente diez minutos. El reto del guía COCS es generar, en un mínimo espacio de tiempo, un máximo de disposición de trabajo y confianza. No siempre es fácil, ya que generalmente los participantes vienen enganchados con temas de trabajo. Por medio de pequeños ejercicios de caldeamiento, el guía consigue traer a los participantes al momento presente, listos para empezar a trabajar.

Como he descrito antes, el proceso total de un COCS es de unos seis meses en su versión minimalista. Las reuniones mensuales tienen una duración de entre una y dos horas. Antes de arrancar las reuniones de trabajo, propongo organizar una sesión formativa inicial de unas cuatro horas en la que abordemos los siguientes temas:

- Propósito COCS
- Presentación de participantes y generación de confianza
- Introducción al proceso PIVOTA
- La escucha activa
- El arte de hacer buenas preguntas
- Temas prácticos

Es verdad que no siempre es posible tener una sesión formativa de cuatro horas, tal y como la acabo de describir. Por ello propongo la alternativa de reservar para la primera reunión COCS un mínimo de dos horas más para que los participantes se conozcan, entiendan el propósito de las reuniones y, por último, para que reciban una mini-formación en la metodología COCS. En las siguientes reuniones, el guía de la experiencia introducirá píldoras de conocimiento según las necesidades que surjan. También intervendrá para mejorar la calidad de la escucha y las preguntas, además de vigilar los tiempos y la metodología.

Fase 2 PIVOTA: Iniciativas

Una vez generadas la necesaria confianza y la alianza de trabajo, arranca la fase 2, en la que el grupo presenta las iniciativas que podrían ser el objeto de la sesión de trabajo. Esta fase puede presentar dificultades para los participantes, sobre todo en las primeras sesiones. Nuevamente es responsabilidad del guía COCS proponer algunos ejercicios que faciliten la generación de ideas por parte de los participantes.

Una manera natural de hacerlo sería preguntar: ¿Qué casos traéis? ¿Con qué estáis luchando en vuestro día a día? o ¿A qué problemas os enfrentáis? Para algunas personas esto puede resultar difícil por varias razones:

- Miedo a hacer el ridículo
- Falta de costumbre
- No se les ocurre ningún tema
- Hablar de problemas les pone nerviosos
- Simplemente no les apetece

En mi experiencia, muchas veces, como los participantes desconocen el potencial de COCS, no se atreven o no se les ocurren ideas. En este caso el guía COCS puede proponer algunos ejemplos de casos que pueden ser tratados en una reunión o realizar algunas preguntas que les ayuden a identificar posibles casos.

Casos típicos para COCS intra-organizacionales:

- Conflictos con personas de otros departamentos.
- Cómo gestionar a mi jefe, el micro-manager.
- No sé cómo poner límites.
- Hago de todo para mi cliente X, pero sigue quejándose.
- No sé si estoy preparado para asumir más responsabilidades.
- Mi compañero no me entiende.
- Me gustaría cambiar de puesto, pero no sé cómo.

Si con estos ejemplos aún quedan personas a las que les cuesta identificar temas que podrían ser tratados en un COCS, el guía puede ayudarlas haciendo algunas preguntas que generalmente las inspiran. Por ejemplo: «Si no tienes un caso, piensa en un momento del día en el que alguna situación te haya irritado. Generalmente detrás de esto hay un posible caso de intervención y se trata de cómo lidiar mejor con esa situación».

Siempre se busca formular el caso desde la primera persona. Por ejemplo: «¿Qué puedo hacer para cambiar la situación?». La razón que hay detrás es que solo puedes cambiarte a ti mismo y no a otra persona. Alguien que presente un caso como «No puedo trabajar bien con Alejandro. ¿Cómo debería cambiar Alejandro para que las cosas fueran mejor?», tendrá que reformularlo por «Mi relación con Alejandro no funciona; ¿qué puedo hacer para mejorarla?».

Casos típicos para COCS extra-organizacionales:

En estos ejemplos me he basado en preguntas para un grupo de emprendedores que quieren buscar juntos soluciones y convertir retos en oportunidades.

* «Mi facturación está por debajo de lo esperado. ¿Por qué es así y cómo lo mejoro?».
* «No sé si todavía estoy contento con lo que ofrezco como emprendedor. ¿Cómo puedo estar seguro?».
* «Estoy impactado por el repentino crecimiento que está experimentando mi empresa. ¿Cómo puedo mantener una visión global?».
* «¿Cómo motivo a mi cliente?».
* «¿Qué tipo de colaboraciones me pueden interesar?».
* «Tengo dudas sobre si quiero trabajar con personal. Me gustaría investigar para ver qué podría encontrar en esto».
* «Tengo una experiencia desagradable con un cliente. ¿Cómo me enfrento a esto?».
* «Quiero trabajar de forma *online*. ¿Por dónde empiezo?».

- «Sigo encontrándome con el mismo tema de la escasez de dinero. ¿Cómo puedo afrontar esto?».

Una forma alternativa de trabajo que propone el COCS es enfocarse en los retos, los sueños o los objetivos que les gustaría alcanzar a los participantes. Esto los posiciona en un modo más positivo y con más ganas para trabajar. El guía COCS organiza una ronda entre los participantes para que cada uno pueda expresar el objetivo que le gustaría trabajar. Cuando se presentan las ideas, los demás escuchan sin intervenir, salvo si necesitan entender mejor la propuesta de una persona en concreto.

La fase 2 finaliza con la elección de un tema de trabajo. Al finalizar la ronda de presentación de iniciativas, el guía pregunta a los participantes en qué caso quieren trabajar en esa reunión, sabiendo que no todos los casos se van a poder trabajar en la misma por falta de tiempo. Por ello se pregunta adónde va la energía y se decide entre todos los casos.

¿Y qué pasa con los casos que no quedan seleccionados para trabajar este día? Es verdad que no todos pueden tratarse en la misma reunión. Por ello un COCS consiste en varias reuniones para que todos los participantes tengan la posibilidad de trabajar sus temas correspondientes. No obstante, quiero resaltar que los participantes que se ponen al servicio de la persona de la que trata el caso también aprenden:

- Del caso del otro (lo que la pasa a otro me puede estar pasando a mí, o algo parecido).
- De las perspectivas de los demás participantes (si pedimos dibujar a los participantes un árbol, todos dibujarán uno diferente; todos válidos y cada uno con su propia interpretación).

- De contrastar las creencias propias con las de los demás.
- De la propia dinámica de escuchar y preguntar.
- De sus propias aportaciones y cómo son percibidas.
- A dar y recibir, el acto de la generosidad.

Fase 3 PIVOTA: Visión 360°

La fase 3 consiste de tres pasos:
1. El sueño: el objetivo a alcanzar en un futuro
2. El presente: la situación actual
3. El camino: qué hemos alcanzado ya y qué falta por recorrer

Paso 1: El sueño

En este se le pide al cliente explicar con más detalle el objetivo que se propone alcanzar. Muchas veces el cliente lo tiene claro y en otras ocasiones hay que ayudarle a aclarar lo que se propone. Nuevamente las preguntas ayudarán a dar forma a sus pensamientos. Si el cliente se bloquea, podemos usar la técnica de la visualización[17] para conseguir el objetivo.

Dependiendo de la madurez del grupo, del tiempo disponible y la preparación del guía COCS, se pueden aplicar diferentes técnicas para enriquecer aún más esta fase. En el capítulo 5 puedes encontrar más herramientas para trabajar en más profundidad este paso.

---

17   Es un método que ayuda a las personas a soñar y crear posibilidades. Muchas veces estamos bloqueados; ya hemos intentado de todo y no encontramos la manera de avanzar. A través de la visualización, se acompaña a los participantes a un lugar distinto, a un mundo de posibilidades.

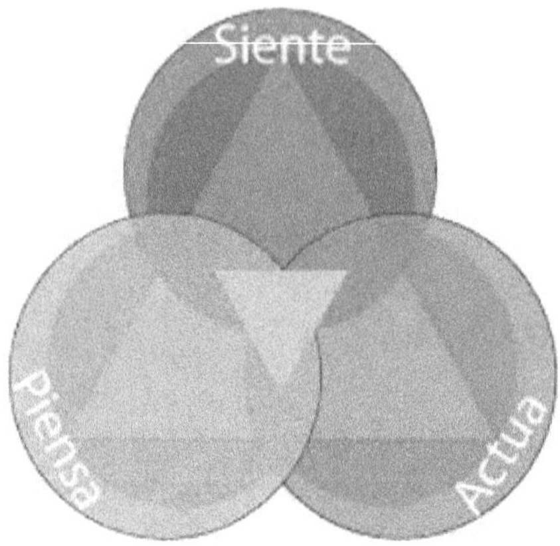

Una vez el cliente haya identificado su situación deseada, le pedimos formular su objetivo en una frase, como si se tratará de un eslogan: una declaración de intenciones. Para que sea una definición lo más completa posible le invitamos a hacerla incluyendo las dimensiones de sentir, pensar y hacer.

Paso 2: El presente

Una vez que el cliente haya expuesto su objetivo, es el momento de volver a la realidad. Es verdad que llevamos al cliente a soñar para generar energía y posibilidades, pero para que realmente dé pasos para conseguirlo es importante volver a su situación actual.

En el paso 2, los participantes formulan preguntas para indagar y ayudar al cliente a tomar consciencia de su situación actual. Más adelante entraré en detalle en las preguntas poderosas, pero me gustaría ofrecer ya una base para ayudar al cliente en su proceso de darse cuenta y a la vez para que el resto del grupo amplíe su visión sobre el mundo del cliente. Con las preguntas que siguen pretendemos indagar en las cinco áreas siguientes:

- El contexto:
  - √ ¿Qué ha pasado antes?
  - √ ¿Qué está pasando?
  - √ ¿Quiénes están involucrados?
  - √ ¿Qué elementos impactan o son impactados?

- Creencias:
  - √ ¿Qué piensa el cliente al respecto?
  - √ ¿Qué hay detrás de sus pensamientos?
  - √ ¿Qué piensan los demás (clientes, compañeros, superiores...)

- Emociones:
  - √ ¿Cómo le hace sentir al cliente?
  - √ ¿Cómo le gustaría sentirse?
  - √ ¿Qué sienten los demás?
  - √ ¿Cómo le afectaría si cambiamos algo en alguna de las figuras?

- Acción:
  - √ ¿Qué hace en esta situación?
  - √ ¿Qué está evitando?
  - √ ¿Qué ha intentado ya?
  - √ ¿Qué beneficio secundario tiene está situación para el cliente?

- Recursos:
  - √ ¿Qué fortalezas tiene para abordar la situación?
  - √ ¿Qué habilidades que le han servido en otras situaciones podrían servirle en esta situación?
  - √ ¿Qué aliados tiene para ayudarle en esta situación?

Del 1 al 10, ¿cuánto cree que lo puede conseguir?

OJO: Quiero resaltar tres temas fundamentales en esta fase:

- A la hora de realizar las preguntas es muy importante mantener el foco en lo positivo. Obviamente podemos desvelar lo que no funciona en el cliente, pero no queremos que pierda sus ganas de avanzar, así que intentamos mantener un equilibrio 70%-30% entre foco positivo y foco problemas.

- A estas alturas de proceso no debemos intentar resolver la situación del cliente o aconsejarle acerca de lo que debería de hacer. El único objetivo que tenemos en este momento es hacerle reflexionar, aumentar su nivel de consciencia y generarle «*insights*». No hablamos de soluciones.

- Como participantes tenemos que ser conscientes de que siempre influimos al cliente a través de las preguntas, así que prestemos atención a la intención que tenemos con las mismas. A veces no nos damos cuenta de que por medio de nuestras preguntas ya le estamos dando la solución que pensamos que es la más adecuada, según nuestro criterio claro, pero no necesariamente esta es la mejor solución por nuestro cliente.

Terminamos el paso 2 con una pregunta fundamental para el cliente: «¿Tu objetivo sigue siendo tu objetivo o necesitaría una reformulación?». Es muy normal que después del proceso de indagación su perspectiva se ajuste, o incluso cambie por completo. Puede darse la situación de que el cliente en este paso se dé cuenta de que realmente quiere una cosa diferente a lo que declaró en el paso 1. En un COCS queremos dar pasos hacia el objetivo que realmente quiere, así que es necesario comprobar siempre en qué medida el objetivo declarado es realmente el deseado.

Como suelen decir: «El problema nunca es el problema; debajo del anunciado se encuentra el verdadero». Así que terminamos este paso con una re-formulación de la situación deseada, o en el mejor de los casos, una confirmación del enunciado inicial.

Paso 3: El camino

La fase 3 de Visión 360º concluye con un último paso, que es iluminar el camino entre la situación deseada y la situación actual. Nuevamente se propone una forma diferente para hacerlo. La manera tradicional sería preguntar: «¿Cómo vas de A (actual) a B (futuro)?». Sin embargo, en el COCS proponemos hacer el camino a la inversa: «Estando en B, ¿qué camino has recorrido ya desde el punto A?». Es verdad que estando en A se nos puede hacer cuesta arriba alcanzar el punto B. Además, es difícil encontrar las soluciones estando en A. Desde el punto B uno puede imaginarse mejor el camino recorrido para llegar hasta allí.

Es importante hacer ver al cliente que no parte de cero. Tenemos que ayudarle a descubrir qué parte del camino ya ha sido recorrido. Preguntas que pueden funcionar en este sentido son:

- «¿Qué funciona ya?».
- «¿En qué otras situaciones estás aplicándolo ya?».
- «¿Qué pequeños éxitos has obtenido ya?».

- «¿Hay alguien que te sirve como modelo de referencia o ayuda?».
- «¿Cuál han sido las excepciones a la regla?».

Fase 4 PIVOTA: Opciones

Hemos llegado ya a la «O» del proceso PIVOTA. Es el momento que seguramente muchos han estado esperando. Es el momento de hablar de generar opciones y crear posibilidades. Después de haber acompañado al cliente en descubrir su objetivo gracias a la Visión 360º, los participantes pueden formular sus consejos basándose en lo que han escuchado, su propio conocimiento y sus experiencias pasadas.

Dependiendo del número de participantes, esta fase se organiza en plenario o en pequeños grupos de unas tres personas. Si se trata de un grupo de más de nueve participantes, aconsejo dividirlo en subgrupos para que compartan sus ideas, primero en *petit comité* para luego compartirlo entre todos. De esta manera ganamos un poco de tiempo, evitamos duplicidades y, en general, las propuestas tienen más valor añadido para el cliente.

Las propuestas se presentan en forma de escenarios. No hay propuesta mejor que otra; todos son posibles escenarios que permiten al cliente escoger una ruta u otra o una combinación de las mismas. Es importante mencionar que el cliente se limitará únicamente a escuchar las propuestas sin entrar a valorarlas. De esta manera se evitan discusiones que no necesariamente mejoran las propuestas. El cliente recoge las propuestas y al final da su opinión sobre cuál le llega más, cuál de ellas le aporta la idea y la energía necesarias para ponerse manos a la obra. Incluso puede ocurrir que el cliente decida aplicar una combinación de varios escenarios. Mejor que mejor.

Fase 5 PIVOTA: Tareas

El proceso PIVOTA está llegando a su fin, materializándose en forma de plan de acción. En este momento, el cliente define qué acciones o tareas llevará a cabo para acercarse a su objetivo.

Como he mencionado antes, parte del éxito de un COCS depende de este apartado. Al final y al cabo los participantes se mueven por resultados, y el compromiso de los mismos crece cuando observan en la siguiente reunión que las acciones que ha tomado el cliente han tenido impacto. Es verdad que el proceso de aprender durante un COCS ya es un resultado en sí mismo, pero si estos aprendizajes tienen un impacto posterior en la vida profesional del cliente, la satisfacción grupal irá *in crescendo*. La motivación lo es todo (o casi todo). No obstante, esta fase suele ser la más desatendida de todas. Los participantes se están cansando y no siempre tienen la energía para acompañar al cliente en esta última parte. Muchas veces el grupo empieza a relajarse y se forman conversaciones informales.

La fase 5 se finaliza con una pregunta tipo termómetro para el cliente: «¿En una escala de 0-10, qué probabilidades te das de que vas a conseguir llevar a cabo tu plan de acción?». Si la respuesta es > 8/10 podemos concluir tranquilamente la sesión. Si por el contrario la respuesta del cliente es un 4/10, tenemos que animarlo a reformular su plan para que se sienta con más fuerza para llevarlo a cabo.

Fase 6 PIVOTA: Aprendizajes

Uno de los objetivos que se persigue en un COCS es la eficiencia y la mejora continua. Sabemos que en las organizaciones el tiempo es un bien muy apreciado, así que en el COCS nos hemos propuesto sacar el máximo provecho del tiempo que le dedicamos a ello entre todos.

Muchas veces, por falta de una buena gestión del tiempo o simplemente por falta de costumbre, las reuniones tradicionales terminan con las personas corriendo a sus siguientes compromisos sin haber opinado sobre la calidad de las mismas.

Cada reunión COCS finaliza con algunas preguntas críticas para medir la calidad de la misma:

- «¿Cómo hemos trabajado juntos hoy?».
- «¿Cómo ha sido la calidad de nuestras preguntas?».
- «¿Qué ha funcionado bien?».
- «¿Qué podemos hacer la próxima vez para seguir mejorando?».

Si la tecnología lo permite se puede utilizar una encuesta *online* con información que van suministrando los participantes en el acto. Finalmente proponemos realizar un breve cierre de la sesión. Para ello, nuevamente volvemos al principio de Dar & Recibir. Invitamos a los participantes a responder a las siguientes preguntas:

- «¿Cómo te vas?».
- «¿Qué te llevas?» o «¿Qué has aprendido?».
- «¿Qué has aportado?» o «¿Qué quieres regalarle a este grupo?».

LOS ROLES DURANTE LA REUNIÓN

Una de las muchas diferencias entre un COCS y una reunión tradicional es la estructura, y más en concreto los roles que ocupan los participantes en el mismo. Gracias a ello, las reuniones COCS ganan mucho en eficacia. Los roles más importantes son el de guía de la experiencia y el del cliente y los demás participantes, a los que llamaremos «recursos»:

El guía de la experiencia

El rol principal del guía COCS gira alrededor de tres ejes: aprendizaje, confianza o seguridad y proceso. Como ya comenté, el objetivo principal del COCS es que sus miembros aprendan de sí mismos y de los demás. Para que esto pueda ocurrir, el guía tiene que crear un ambiente seguro y de confianza en el que los participantes puedan expresarse con libertad sin sentirse juzgados. Y por último, el COCS es un proceso, y el guía lo vigila a nivel de forma y fondo.

El guía está presente a lo largo de todo el proceso. Prepara cada reunión a conciencia; investiga la mejor metodología para aplicar y además se ocupa de la parte logística: enviar invitaciones, indicar hora y sala, preparar la sala, vigilar temas técnicos como sillas, rotafolios, agua, etc. El *setting* tradicional para un COCS es que los participantes estén sentados en círculo, sin mesas.

Durante la sesión se encarga de vigilar los tiempos de todas las fases, además de la calidad de las mismas. Interviene en momentos críticos como, por ejemplo, cuando los participantes no se escuchan, se interrumpen continuamente o hay alguien que ocupa todo el espacio. También pone sobre la mesa dinámicas grupales que se están manifestando y, por último, da *feedback* sobre el funcionamiento del grupo al final de la sesión. Después de la reunión, el guía COCS redacta un pequeño informe de seguimiento. Algunas preguntas pueden guiarnos para realizarlo:

* «¿Cómo ha sido el eco grupal[18]?».
* «¿Cuáles han sido los aprendizajes mas importantes?».

---

18   Término proveniente del psicodrama. Al final de la sesión, los miembros del grupo ponen en común aquellos sentimientos, recuerdos o vivencias que les han venido a la mente tras la sesión.

- «¿Cómo ha sido mi proceso de facilitación?».
- «¿Cómo se ha trabajado en el caso del cliente?».
- «Temas a tener en cuenta para la próxima reunión».

Cliente

Como hemos visto antes, la persona que quiere trabajar en su tema, en el COCS la llamamos cliente porque queremos generar este *mindset* en el resto de los participantes. Me pongo a disposición de un cliente para servirle, para hacerle avanzar. Su rol es presentar un caso a conciencia y tiene la responsabilidad de trabajar durante la sesión (reflexionando, con pro-actividad) y después de la sesión llevando a cabo el compromiso adquirido durante la misma por medio de su plan de acción. También se le pide comunicar sus avances al grupo en la siguiente sesión.

Los recursos (los demás participantes)

Los participantes se componen del resto del grupo, que se pone a disposición para trabajar en el caso del cliente. Su rol es aportar con un *mindset* de apertura, no-juicio y generando posibilidades para el cliente. Su responsabilidad es practicar el arte de las buenas preguntas. Es verdad que todo el mundo sabe hacer preguntas; no obstante, las buenas preguntas generan espacios a los cuales el cliente no ha podido o querido acceder.

El reto para los participantes es condicionar mínimamente al cliente partiendo de la base de que es prácticamente imposible no condicionar. Aunque nuestra intención sea no influir, lo hacemos de forma inconsciente. Nuestros juicios siempre están presentes e influyen en cómo preguntamos y escuchamos a nuestro cliente. El reto es saber aparcar nuestros juicios e intentar actuar desde un lugar lo más neutro y limpio posible.

El objetivo inicial del guía COCS es generar la confianza necesaria en el grupo para que los participantes puedan abrirse y trabajar con transparencia. El segundo objetivo es enseñar las técnicas básicas para optimizar el rendimiento de las reuniones y promover el aprendizaje individual y grupal. Las herramientas más poderosas con las que los participantes tienen que forjar la maestría son la pregunta y la escucha activa. Las preguntas poderosas abren nuevos espacios, permiten explorar y, sobre todo, movilizan a nuestro cliente.

Según el grupo evoluciona, el objetivo del guía es convertirlo en un grupo auto-gestionado. El guía inicial se retira y cede su rol a uno de los participantes. A partir de ahí, este rol, como los demás, puede rotar entre todos los participantes. Para ello es necesario que se responsabilicen de su propio desarrollo y de la gestión de las reuniones.

TRUCOS Y TRAMPAS POR FASE

Quiero terminar este capítulo con algunos trucos y trampas que como guía podemos encontrarnos durante el desarrollo del proceso PIVOTA. La cuestión más importante que el guía COCS debe evitar es que los participantes caigan en la trampa de obsesionarse con resolver el caso del cliente. Tiene que ayudar a cambiar el chip de los participantes poniendo el foco en la persona (el cliente) más que en el caso. Nuestra naturaleza es ser curiosos y tener ganas de resolver problemas; en el COCS se trata más de entender y empatizar con el cliente y ayudarle a que encuentre las soluciones por sí mismo.

En la siguiente tabla detallo las distintas trampas y trucos que te puedes encontrar en cada fase del proceso PIVOTA:

FASE	TRAMPA	TRUCO
PREPARACIÓN	• No vigilar la composición del grupo. • Empezar sin involucrar a la dirección de la empresa.	Prestar atención a los elementos básicos de la composición del grupo: • ¿Son pares? • ¿Están suficientes preparados? • ¿Existen brechas entre los participantes?
PLANTEAMIENTO	• No reservar tiempo para que la gente aterrice. La gente no está presente. • El guía pretende ser jefe e impone demasiado sus reglas quitando responsabilidad al grupo. • El cliente de la reunión anterior no ha hecho nada, lo que puede llevar a la frustración al resto del grupo; «para qué invertir tiempo».	• Empezar la reunión a la hora de comer y invitarles a un *pica pica*. Permite de forma informal conectar con la reunión. • Adoptar el rol de igual a igual, sirviendo al grupo como espejo e invitar a la participación. • Dejar claro al cliente que es muy importante para el grupo tener *feedback* sobre acciones, aunque puede haber una buena razón por la cual no se ha hecho. OJO: no entrar demasiado y pasar rápidamente al caso de un nuevo cliente.
INICIATIVAS	• Parece que los participantes no tienen temas a trabajar. • Las iniciativas que se proponen son muy generales.	Llamar nuevamente a la responsabilidad del grupo. También se puede pedir que respondan en silencio a tres preguntas: • ¿Cómo fue la última vez? • ¿Cómo vienes emocionalmente? • ¿Con que estás conectado ahora? • Dedicar tiempo a concretar al máximo el tema propuesto. Es fundamental tener la petición lo más definida posible. También podemos basarnos en la urgencia de un tema para trabajar con ello.

FASE	TRAMPA	TRUCO
VISIÓN 360º	• El grupo efectúa un tercer grado al cliente. • Se enfoca únicamente en la parte mental del cliente, obviamente su mundo emocional. • Los conflictos que surgen en el grupo se tapan.	• Invitar al grupo a realizar preguntas abiertas y encadenadas. Dejar que el cliente cuente su historia. • Explicar al grupo que abordamos nuestro cliente holísticamente enfocando en su pensar, sentir y hacer. • Abordar los conflictos cuando surgen. Si son demasiado profundos, tratarlos fuera y dar *feedback* posterior al grupo.
OPCIONES	• Uno de los participantes quiere convencer al cliente de que su propuesta es la única válida. • El cliente y uno de los participantes entran en discusión sobre una alternativa.	• Recordar que no se trata de tener la razón y menos de imponer una solución que puede parecer óptima pero que igual no es para el cliente. • No permitir que la discusión ocupe todo el espacio. Un truco es escribir todas las propuestas en un rotafolios, pedir un breve *feedback* al cliente e invitarle a que se lo lleve a casa para repasar.
TAREA	• El grupo desconecta y entra en fase de relajación. «¡Ya está todo hecho!» o «¡Ya es tema suyo!». • Falta tiempo para redactar un plan de acción.	• Recordar la importancia de esta fase para siguientes reuniones. Cuanto más concreto sea el plan (SMART), más posibilidades habrá de que se lleve a cabo. • Pedir al cliente que redacte un pequeño plan de acción después de la reunión y que se lo mande al grupo.
APRENDIZAJES	• Se obvia la fase por falta de tiempo. • Únicamente nos enfocamos en el caso del cliente («No me puedo ir sin decir…») y nos olvidamos de hablar del proceso y la evolución del grupo.	• Reservar, aunque sean 5 min; es muy importante para la evolución del grupo, si realmente es imposible organizar una pequeña encuesta online. Recordar los elementos a evaluar: • Calidad de la comunicación • Aprendizajes grupales • Temas prácticos a mejorar

Al final del libro encontrarás algunos *checklists* que pueden serte de mucha utilidad a la hora de:

- Preparar una reunión COCS (Anexo 1)
- Hacer un resumen de la experiencia COCS (Anexo 2)

3. CONDUCIR UN GRUPO COCS

En este capítulo encontrarás las claves para conducir con éxito un grupo COCS. Empezaremos por detallar las competencias necesarias de las que tiene que disponer el guía para conducir un grupo con fluidez. Como hemos visto con anterioridad, el objetivo principal del COCS es fomentar el aprendizaje individual al igual que el colectivo.

En las líneas que siguen encontrarás la información necesaria para saber cómo conseguir dicho objetivo. También encontrarás las claves para conseguir que el grupo COCS evolucione a ser un grupo auto-gestionado sin el apoyo de un facilitador externo. Terminamos el capítulo enumerando algunas trampas que tenemos que intentar evitar como guía COCS y algunos trucos que te servirán para enfrentarte a situaciones muy concretas que pueden surgir durante una reunión.

LAS COMPETENCIAS DE UN GUÍA COCS

He construido una fórmula que pretende ayudar a recordar las competencias necesarias para guiar una experiencia COCS con éxito (éxito al cuadrado si conseguimos la maestría).

$$(I^e + C^3) \times A = E^2$$

Desgranemos la fórmula:

- I^e: representa la inteligencia emocional o la capacidad de entender y gestionarnos emocionalmente, así como a los demás. Es una competencia clave a la hora de conducir una experiencia COCS, en la cual nos enfrentamos a veces a momentos difíciles teniendo que gestionar un abanico de emociones como la frustración, el enfado, la tristeza, pero también la alegría y hasta la euforia.

- C^3: representa la siguiente triada: CONFIDENCIALIDAD - COMUNICACIÓN - CONCIENCIA.

  √ CONFIDENCIALIDAD: Saber gestionar la confidencialidad en un entorno organizacional es una capacidad que debe tener muy bien desarrollada todo guía COCS. Un grupo COCS intra-organizacional generalmente está compuesto por pares sin presencia de jefes, ni de Recursos Humanos Estos son *stakeholders* que pueden tener interés en saber de qué se está hablando o cuáles son los resultados que generan las reuniones. Como guía COCS tienes que saber gestionar a todas las partes manteniendo siempre el equilibrio y preservando la confidencialidad, sin la cual el COCS sería inviable.

  En un grupo extra-organizacional la confidencialidad también es una prioridad máxima ya que se debaten temas estratégicos de las empresas que participan. Además, recuerda que, al contrario de un espacio de *networking*, en un COCS uno viene a ser honesto, transparente, a poner las cosas sobre la mesa y mostrar su vulnerabilidad.

  √ COMUNICACIÓN: Representa la capacidad del guía de generar un ambiente de confianza y transparencia para que los participantes puedan abrirse e ir a la esencia de los temas. También representa la capacidad de entrenar a los participantes en las herramientas básicas de comunicación para obtener resultados que merezcan la pena. Las importantes obviamente son las preguntas poderosas, la escucha activa, saber poner límites y hacer aflorar las distorsiones cognitivas[19] que impactan en las conversaciones y la toma de decisiones.

√ CONCIENCIA: Representa la capacidad de hacer reflexionar a los participantes y de esta manera aumentar su grado de conciencia sobre su forma de funcionar haciendo especial hincapié en la coherencia que tenemos entre nuestros tres centros: pensar, sentir y actuar. Gracias a la reflexión llegamos a comprendernos mejor a nosotros mismos, así como a los demás. Cuando haya comprensión evolucionaremos.

• A: representa la actitud del guía COCS. Las competencias son importantes para llevar a cabo un COCS con éxito, pero la actitud es la que convierte el COCS en una experiencia exponencial con efecto multiplicador. Para mí, la actitud clave se basa en tres elementos:
  √ No-ego: el guía no es un gurú; trabaja desde el tú-a-tú, como iguales. Eso sí, está preparado en técnicas de conducción de grupos.
  √ La confianza en el grupo y el proceso: a veces los grupos se atascan en su proceso de aprendizaje, lo que genera frustración. Este es el momento en el

---

19   Las distorsiones cognitivas son maneras erróneas que tenemos de procesar la información, es decir, malinterpretaciones de lo que ocurre a nuestro alrededor. Saber detectarlas y analizarlas nos ayudará a tener una mente más clara, desarrollando actitudes más realistas y sobre todo, positivas. Ver más en el punto 5.2.2 «Trampas mentales».

cual el guía necesita confiar en que es parte del proceso y en que tarde o temprano el grupo encontrará la salida.

√ La actitud positiva: el guía COCS pone en acción la filosofía de la indagación apreciativa enfocándose en las fortalezas del grupo y en lo que funciona ya, y no en lo que falta por mejorar.

- El resultado de la fórmula es E^2, o éxito al cuadrado. El éxito es un término muy relativo, claro está, pero en este caso implica conseguir conducir a un grupo a terrenos no explorados, generando nuevas ideas y poniendo en práctica los aprendizajes individuales, así como los grupales.

FACILITAR EL APRENDIZAJE

Como hemos visto con anterioridad, el objetivo principal de COCS es facilitar el aprendizaje. Pero ¿cómo se consigue? ¿Cuáles son los ingredientes necesarios para generar aprendizajes valiosos para los participantes?

Ya sabemos que el ingrediente inicial y básico para que pueda existir el COCS es la confianza, que potencia a su vez otros ingredientes necesarios como son la transparencia, el permiso del error, la apertura y la participación.

Pero el cóctel precisa de más ingredientes para que deje buen sabor de boca. Y el más importante seguramente es la reflexión, una capacidad esencial que genera aprendizajes y provoca *insights* muy valiosos que ayudan a los participantes a encontrar soluciones prácticas a sus desafíos. Pero para poder reflexionar, lo primero es parar. Es muy necesario hoy por el ritmo frenético en el que estamos inmersos.

Todos reflexionamos, o por lo menos pensamos que reflexionamos. La gran diferencia entre pensar y reflexionar es el grado de consciencia de ambos procesos. Pensar es mayoritariamente un proceso inconsciente y automático. Los pensamientos aparecen y desaparecen sin que nos paremos a analizarlos demasiado. El proceso de reflexión, no obstante, es un acto consciente y proactivo en el cual planteamos preguntas profundas para comprendernos mejor a nosotros mismos, igual que a nuestro entorno.

Para ello es necesario conocer nuestro sistema de creencias, entender el filtro a través del cual miramos el mundo y permitirnos ampliar nuestra visión. La reflexión es un proceso estructurado de cuestionamiento que genera posibilidades de cambio real. Las herramientas básicas de este proceso son el lenguaje que usamos y las preguntas que nos hacemos. Como veremos más adelante, las buenas preguntas (re)mueven y generan acción.

El aprendizaje en COCS se produce de muchas maneras:

1. Aprendizaje gracias al trabajo en grupo. Foco: proceso.
2. Aprendizaje grupal gracias a los casos. Foco: contenido.
3. Aprendizaje individual y colectivo. Foco: individuo.

En lo que sigue entramos más en detalle en los tres distintos niveles de aprendizaje.

1. Aprendizaje gracias al trabajo en grupo. Foco: proceso

Como comentamos en el capítulo 2, en la última fase del proceso PIVOTA, los aprendizajes grupales son una parte fundamental. Para que un grupo COCS se convierta en un grupo auto-gestionado, sin facilitador externo, es imprescindible que reflexione sobre su funcionamiento de forma regular: ¿Qué está funcionando y qué pueden hacer juntos para seguir mejorando la eficiencia de sus reuniones?

La responsabilidad del guía COCS es recordar la importancia de este test periódico de calidad y que se haga de forma estructurada. En el Anexo 3 puedes encontrar una lista de preguntas que podrás usar para que los participantes evalúen la calidad de las reuniones que están manteniendo.

A veces al grupo le cuesta reconocer los progresos que está realizando. En general, a las personas nos resulta más fácil encontrar errores y focalizarnos en lo que no funciona. Obviamente se trata de un proceso de mejora continua, pero es muy importante resaltar los éxitos, lo que ya está funcionando. Los grupos necesitamos cargarnos de energía positiva para superar los obstáculos que se nos presentan en el camino. El guía COCS es un buen observador, hace de espejo y pone el foco en estos elementos positivos, en lo que sí hay, tan necesario para seguir creciendo como grupo.

2. Aprendizaje grupal gracias a los casos. Foco: contenido

En una reunión COCS, el eje central son los casos reales que presentan sus participantes. Se utiliza el conocimiento colectivo para ampliar la visión actual que tiene el cliente sobre su caso y para acceder a posibilidades que antes no veía. Los participantes, después de una ronda de indagación[20], comparten sus experiencias y consejos, lo que ofrece al cliente nuevas posibilidades

---

20   No existe consenso en una única definición, así que pongo varias: la primera y más difundida es fomentar el cuestionamiento. Otra es el desarrollo de estrategias de enseñanza para motivar el aprendizaje. Una tercera, y también bastante conocida, es «manos a la obra-mentes trabajando», y finalmente fomentar las habilidades experimentales.

para la solución de su caso. Este proceso es muy enriquecedor para el cliente, pero no lo es menos para el resto de participantes, ya que seguramente se enfrentan a situaciones parecidas en sus trabajos correspondientes. Está claro que el aprendizaje se produce a múltiples niveles.

Como hemos visto ya, la herramienta básica para la indagación en la situación del cliente es la pregunta. La forma tradicional es que los participantes, después de haber escuchado la introducción al caso del cliente, se tomen un minuto para preparar sus primeras preguntas de aclaración (¿Qué? ¿Cómo? ¿Cuándo? ¿Quién? etc.) para luego empezar la ronda de preguntas, en la cual se va profundizando basándose en la información que comparte el cliente.

A continuación describo tres técnicas alternativas para estimular el aprendizaje, así como fomentar una actitud positiva hacia el aprendizaje durante una reunión COCS:

- Reflexión sobre el propio funcionamiento. Un ejercicio para hacer en parejas o tríos. Nos turnamos para hacernos las siguientes preguntas:
  - √ ¿En qué momento te has sentido muy contento con tu trabajo? Intenta recordar el máximo número de detalles.
  - √ ¿Qué factores hicieron que te sintieras contento?
  - √ ¿Qué es lo que hacías en concreto para aportar a este éxito?
  - √ ¿Qué características personales traías que contribuyeron a tu éxito?

  Como ejercicio adicional, los participantes podrían rellenar el test de características *Vía*

Strenghts[21]. Solo necesitan quince minutos para rellenar el test *online* y los resultados se obtienen en el acto. El informe muestra tu *ranking* en veinticuatro elementos que te caracterizan. CON este test se obtiene el *ranking* de tus cinco fortalezas más importantes. Existen estudios que muestran que es más útil concentrarse en tus fortalezas en vez de en tus debilidades para abordar tus desafíos. De hecho, uno de los pilares fundamentales de la filosofía COCS es la indagación apreciativa: ¿Qué sabes hacer ya? ¿Qué es lo que funciona ya? Y desde ahí cogemos energía y ganas para seguir construyendo.

- Disfruta del día: es un ejercicio de presencia, de conectar con el momento actual y predisponernos para trabajar en la reunión COCS. Al inicio de la reunión invitamos a los participantes a tomarse dos-tres minutos para reflexionar sobre dos experiencias o momentos agradables del día e intentar conectar con ellas lo máximo posible. Esto intensifica y prolonga las emociones positivas gracias a este momento de concentración. Igual conoces la expresión: «*Yesterday is history, tomorrow a mystery, today is a gift, that's why we call it present*[22]».

- Las tres sillas: en este último ejercicio se colocan tres sillas en la sala. La primera representa tu vida hace dos años, la segunda tu vida actual y la tercera tu vida dentro de dos años. Si te resulta más útil,

---

21   *Via Strenghts* está disponible gratuitamente en www.viacharacter.org

22   El ayer es historia, el mañana un misterio, el hoy es un regalo; por eso lo llamamos presente.

puedes cambiar los dos años por seis meses, cinco o diez años. Por turnos, los participantes pasan por el ejercicio, ocupando las tres sillas, las tres posiciones, los tres momentos vitales. En el momento en que lo hagan, los demás lanzan las siguientes posibles preguntas en cada una de las posiciones:

√ ¿Qué tal estás aquí?
√ ¿Qué te hace sentir contento?
√ ¿Cómo lo consigues?
√ ¿Qué te gustaría ver diferente?
√ ¿Qué funciona ya en la buena dirección?
√ ¿Qué sería una siguiente señal de progreso?
√ ¿Cuál será tu siguiente paso?

Está claro que las preguntas mencionadas son orientativas y que los participantes son libres de usar su creatividad para lanzar otras. Lo bonito del ejercicio es que los participantes pueden mirar hacia atrás, así como hacia el futuro, y de esta manera reflexionar sobre su vida y su trabajo.

3. Aprendizaje individual participante y guía COCS. Foco: el individuo

La experiencia COCS también ofrece aprendizajes a nivel individual. La metodología, el funcionamiento grupal y los casos que se tratan durante las reuniones ofrecen muchos *insights* sobre el funcionamiento individual de los participantes dentro y fuera de las reuniones. A continuación incluyo algunas herramientas para estimular el aprendizaje a nivel del participante, así como a nivel del guía COCS.

- Participante: Es importante ayudar a los participantes a que identifiquen los aprendizajes adquiridos durante la reunión COCS. Lo que interesa sobre todo es que puedan conectarlos con su propia actividad profesional y de esta manera ayudarles a mejorar profesionalmente.

  Un breve ejercicio que podemos hacer para este propósito es: ¿Qué te llevas de la sesión? Para ello pedimos a los participantes (d)escribir cinco ideas o temas que hayan identificado durante la sesión que puedan servirles en su trabajo diario y que les recuerden la utilidad de la reunión COCS. Los participantes se ponen en parejas y se turnan los roles durante el ejercicio, que no debería durar más de diez minutos al final de cada reunión. El hecho de verbalizarlo con un compañero ayuda a anclar los aprendizajes.

- El guía COCS también quiere mejorar y aprende al facilitar reuniones. La forma más fácil de saber cómo está llevando la sesión es preguntárselo directamente a los participantes. Una ronda de *feedback* se puede organizar en muy poco tiempo y también puede pedir que los participantes rellenen un pequeño cuestionario. Lo considero fundamental para que el guía COCS reduzca al máximo el efecto Dunning-Kruger[23].

---

23 Sesgo cognitivo según el cual los individuos con escasa habilidad o conocimiento sufren de un sentimiento de superioridad ilusorio, considerándose más inteligentes que otras personas más preparadas, midiendo incorrectamente su habilidad por encima de lo real. O de lo contrario individuos altamente competentes que tienden a subestimar su habilidad en relación con la de otros.

Aparte de pedir *feedback*, el guía COCS también puede realizar una auto-evaluación. Como en cualquier proceso de aprendizaje, es útil detenerse de vez en cuando y reflexionar sobre el propio rendimiento. En el Anexo 4 puedes encontrar una batería de preguntas que te ayuden a realizar dicho análisis.

EL GRUPO COCS AUTO-GESTIONADO

Una posible evolución de un proceso COCS guiado puede ser un grupo auto-gestionado. En este caso el guía COCS trabaja para que el grupo puede funcionar sin su ayuda, preparándolo y formándolo en la metodología y en los distintos roles, incluido el de guía.

Para conseguir este objetivo, el guía dispone de las herramientas y preparación necesarias. Ahora bien, de poco servirán estas si no identifica y vence sus barreras personales para que el grupo lo consiga. En el siguiente punto los trataremos con más detalle.

Un proceso COCS tradicional consiste de seis reuniones mensuales de dos horas de duración aproximadamente. Si queremos que el grupo sea autónomo al final del trayecto, el guía COCS tiene que tenerlo presente desde la primera sesión. Es más, este aspecto debería formar parte del contrato inicial que se acuerde con el grupo. Lo más normal es que se prevean más sesiones para poder preparar bien a los participantes.

Una propuesta con recorrido podría ser:
* Sesión 1: Introducción, marco de trabajo y formación en la metodología básica, todo dirigido por el guía COCS.
* Sesión 2-4: Se empieza a trabajar conforme a la metodología explicada. ¡COCS en acción! El guía COCS

dirige, corrige, anima y garantiza una correcta aplicación de la metodología.

- Sesión 5: A partir de la quinta sesión tenemos que empezar a experimentar con el cambio de roles. El guía COCS da un paso atrás para que un miembro del grupo pueda asumir el rol de facilitador. El guía COCS toma el rol de observador desde su meta-posición. Se limita a dar *feedback* al final de la sesión sobre los temas de importancia: la comunicación entre los miembros del grupo, el rol de facilitador, la metodología usada y los resultados obtenidos.
- Sesión 6-8: Seguimos experimentando con los cambios de rol y vamos cogiendo maestría en el manejo de la metodología y las distintas herramientas.

El guía y los integrantes del grupo deciden juntos si el grupo ha adquirido la suficiente madurez como para poder empezar a experimentar el cambio de roles. Está claro que al principio se cometerán errores, pero eso forma parte del proceso de aprendizaje. Para ello es necesario que el guía COCS, igual que los miembros del grupo, se entrenen en el permiso del error y la gestión de la frustración que puede aparecer en este momento.

El guía COCS está en una búsqueda de equilibrio continua entre dirección y libertad, intentado evaluar qué es más útil para que el grupo crezca y avance hacia su autogestión. Se debe preguntar continuamente: ¿Esta tarea, gestión o intervención la podrían haber hecho los miembros del grupo, o no?

TRAMPAS DEL GUÍA COCS

Hay algunas trampas que me gustaría mencionar para evitar que caigas en ellas en tu condición de guía COCS. Las he organizado en tres categorías: asumir lo que no es tuyo, el guía gurú y el guía buscavidas.

La primera trampa en la que podrías caer es la de asumir responsabilidades que no te corresponden. Puede darse el caso de que te encuentres organizando las reuniones COCS para un grupo de colaboradores que se juntan una vez al mes. Como eres un buen profesional quieres que todo esté bien preparado, como, por ejemplo, enviar invitaciones, reservar la sala, hasta preparar el café. Incluso puedes encontrarte en el rol de mediador entre el equipo y su jefe: «Ya hablaré yo con vuestro jefe», quitando así poder al equipo.

Recuerda que, como guía COCS, tu responsabilidad es acompañar al grupo en su proceso de aprendizaje y crecimiento. El objetivo final del guía es conseguir que un grupo sea autónomo en lo relativo a su gestión y funcionamiento sin tener que depender del guía. Así que siempre pregúntate:

- ¿Qué busco yo con esta acción?
- ¿Desde dónde lo hago y para qué lo hago?
- ¿Qué impacto puede tener en los participantes?
- ¿Con esta acción, el grupo se hace más o menos dependiente de mí?

Una segunda trampa bastante común es posicionarte como gurú, haciendo (aunque inconscientemente) que el grupo y sus participantes dependan de ti y no asuman la responsabilidad de crecer, ya que la han puesto en tus manos. Incluso te piden redactar informes sobre el crecimiento personal de cada uno. Te ven como un referente, el que tiene todas las respuestas. Recuerda que tu rol es que creen el valor del conocimiento colectivo y que sepan acceder a ello, más que generar dependencia de tu sabiduría.

Por último está la trampa económica. En otras palabras, la importancia de tu bolsillo. Cada sesión es un ingreso más. Podemos tener la tentación de alargar más de lo necesario el número de sesiones COCS. Lo normal son seis sesiones, pero en el caso de querer prepararlos para ser un grupo auto-gestionado, puedes encontrarte diciendo: «Aún no están preparados». Obviamente puede ser verdad, pero pregúntate:

- ¿En qué medida has contribuido tú a que no lo estén?
- ¿Tener más sesiones les hará más o menos dependienteS de ti?
- ¿El grupo te necesita o más bien eres tú quien los necesita a ellos?

TRUCOS PARA SITUACIONES CONCRETAS

En esta sección te ofrezco algunos trucos para situaciones concretas que puedan surgir durante las sesiones COCS.

Situación 1

Los participantes, al inicio de la reunión, dicen que no tienen ningún caso. Se escuchan expresiones como: «He estado tan liado que no he podido pensar en algún caso en concreto», «De momento no se me ocurre ningún caso, pero igual al final de la ronda me viene algo» o «Realmente no tengo ningún problema en estos momentos».

Diagnóstico: Como guía COCS estás continuamente leyendo al grupo, prestando atención a todos los elementos emergentes sin juicio, simplemente observando las dinámicas. Cuando no hay casos, nos tenemos que preguntar qué hay detrás de este hecho: ¿Es un grupo nuevo y no entienden bien a lo que vienen? ¿Falta confianza para poder compartir? ¿El marco de trabajo es suficientemente claro? ¿La pregunta inicial ha sido adecuada? ¿Cómo de presentes están los participantes? etc.

Trucos: Según el diagnóstico, tenemos multitud de opciones. La primera es calibrar cómo llegan los participantes a la reunión: ¿Están conectados con el momento actual o aún están enganchados con temas del trabajo? Es normal encontrarnos con esta situación porque el ritmo en el que estamos inmersas muchas personas es frenético. En este sentido, es buena idea prever un momento de presencia que permita a los participantes soltar y conectar con este nuevo espacio.

Hay multitud de herramientas disponibles para ello. Podemos planificar, por ejemplo a la hora de comer, pedir algo para picar para luego empezar a trabajar. Ayuda a la gente a bajar su ritmo y a cambiar el chip. Si notamos mucha carga de estrés, realizar un ejercicio corporal con los participantes es buena idea. En este sentido hay muchas opciones. Únicamente me gustaría resaltar que necesitarás escoger teniendo en cuenta el público y el entorno en el que os encontréis.

La segunda opción es aclarar el marco de trabajo, y generar confianza. También podemos cambiar la pregunta inicial: en vez de hablar de casos o de problemas podemos hablar de retos U objetivos futuros. Otra opción es dejar que los participantes reflexionen de forma individual escribiendo durante cinco minutos las respuestas, para luego organizar una ronda durante la cual cada uno puede compartirlas.

Situación 2

En la sesión COCS hay mucho ruido. Los participantes hablan todos a la vez y parece que no se escuchan. El tono de voz de algunos se eleva y otras personas desconectan.

Diagnóstico: Puede haber multitud de razones para lo que está ocurriendo: lucha de egos, cada uno estar defendiendo su punto de vista, falta de claridad sobre lo que se está debatiendo, ausencia de liderazgo, riñas personales, etc.

Trucos: ya sabemos que la escucha activa y la participación de todos son dos condiciones clave para un COCS efectivo. Aunque el guía COCS no es el líder (jefe) de la reunión, sí tiene la responsabilidad de devolverle al grupo, con cariño y firmeza, lo que está pasando.

Aparte de resaltar lo que está ocurriendo, el guía puede proponer un pequeño ejercicio con el objetivo de cambiar la dinámica poco productiva que se está desarrollando. El ejercicio consiste en coger bolígrafo y papel y que los participantes reflejen las respuestas a las siguientes preguntas:

- ¿Cómo estás aquí y ahora?
- ¿Cómo se sienten los demás?
- ¿Qué me pasa cuando pienso en mí y en los demás?
- ¿Qué quiero hacer diferente?
- ¿Qué necesito hacer o pedir?

4. APROVECHANDO OPORTUNIDADES: COCS VIRTUAL

Hasta ahora las reuniones COCS se realizaban mayoritariamente con los participantes y el guía físicamente juntos en una sala. Gracias a la introducción del teletrabajo, ahora acentuada por el COVID, las reuniones se llevan a cabo cada vez más de modo *online* a través de videoconferencia.

En este capítulo explico las condiciones necesarias para que ese tipo de reuniones *online* sean productivas. Obviamente hay diferencias con la modalidad presencial y más adelante verás con más detalle las ventajas y las desventajas de ambos formatos.

El capítulo termina con algunas técnicas específicas que han mostrado ser muy útiles para entornos virtuales. De hecho son tan buenas que ya no importa si los participantes están juntos en una habitación o se comunican a través de una conexión virtual. Se crea un ambiente de confianza en el que hay espacio para hacer preguntas y en el que se escuchan con sinceridad, creando nuevas ideas prácticas.

CONDICIONES BÁSICAS PARA EL COCS ONLINE

Las condiciones necesarias para una reunión *online* de éxito se pueden dividir en dos tipos: las psicológicas y las tecnológicas.

Empiezo por las psicológicas. Como has podido leer en el primer capítulo, una condición básica para que el COCS funcione es la confianza. Se nos presenta el siguiente reto: ¿Cómo generar confianza en un entorno virtual? Está claro que hay muchos factores que influyen en la capacidad de generarla: el tamaño del grupo, el que los participantes se conozcan o no, la antigüedad del grupo, si se ven únicamente *online* o tienen la posibilidad de verse también presencialmente, la experiencia que tienen aplicando el método y las distintas técnicas de COCS, etc.

Todos los factores mencionados influyen, pero quizás a lo que se tiene que prestar atención especial en el COCS *online* es a la fase inicial de las reuniones. Al estar parcialmente privados del lenguaje no-verbal (incluso puede haber personas que no dispongan de cámara) es muy necesario, en mi opinión, reservar un tiempo de caldeamiento para que se conozcan. De esta manera fomentas la construcción de la confianza necesaria para dejar caer las barreras y empezar a trabajar con apertura y transparencia.

Existen muchos ejercicios que se pueden usar para ello, como los famosos *icebreakers* o rompehielos. Uno muy fácil y que no supone mucho tiempo es que los participantes cuenten algo del espacio en el que se encuentran o que escojan un objeto de su mesa que represente un elemento importante para ellos. Otra alternativa es que cuenten un secreto o una habilidad especial que tienen y que quieran compartir con los demás con la premisa de que estén seguros de que nadie del grupo lo conoce. Se recomienda cambiar de técnica cada vez que se arranca una nueva reunión.

Las condiciones tecnológicas tienen también un impacto muy grande en la experiencia de los participantes. En un entorno virtual, estos factores son determinantes: la calidad de la conexión, y por tanto el sonido y la imagen de que disfrutemos durante la reunión. Aunque no siempre es posible, aconsejamos que la conexión sea por fibra óptica y que todos dispongan de cámara y micro. En mi experiencia, el mejor resultado lo dan los cascos con micro integrado.

La buena noticia es que en la actualidad existen múltiples plataformas bastante accesibles que ofrecen una experiencia óptima para las videoconferencias. Una que me gusta mucho es Zoom[24]. Tuvieron algunos problemas de seguridad, pero los han ido solventado sobre la marcha. La utilidad de los *breakout rooms*[25] me parece fantástica para generar dinamismo y participación en una reunión COCS *online*. De hecho es clave para una reunión exitosa. En el capítulo 4.3. expongo un ejercicio práctico basado en esta utilidad.

Es muy importante comprobar si los participantes saben utilizar las herramientas que propones utilizar. Si no estamos al 100% propongo prever un tiempo extra al inicio de la sesión para familiarizarse con las herramientas en plan juego sin poner presión directamente en los contenidos.

Lo que sí está claro es que el formato *online* ha llegado para quedarse y propongo sacarle todo el provecho posible. De hecho, ya estamos preparando un nuevo formato basado en un grupo extra-organizacional internacional. Está claro que el sector *retail* está en plena transformación. Creemos muy útil poder conectar a directores generales o CEO's que se encuentran repartidos por el mundo para compartir sus retos, experiencias y conocimientos. La versión *online* de COCS lo hace posible sin incurrir en gastos de viaje y ahorrando mucho tiempo.

---

24   Zoom es una plataforma de videoconferencia con muchas aplicaciones para la colaboración. www.zoom.us.

25   Es una utilidad que ofrece la plataforma de videoconferencias Zoom. Consiste en dividir al grupo de participantes en pequeños grupos para que puedan trabajar en habitaciones virtuales separadas por un tiempo para luego volver al grupo principal. Todos esto gestionado *online* y de forma muy ágil.

PROS Y CONTRAS DEL FORMATO PRESENCIAL Y ONLINE

Mi formato preferido para celebrar una reunión COCS es el presencial. Ahora bien, el formato *online* no es impedimento para generar una reunión con alto valor añadido. De hecho, tengo experiencia con un comité de dirección, grupo que nos juntamos la mitad en Madrid y la otra mitad en Barcelona, conectados por Microsoft Teams, además de por un sistema de videoconferencia de calidad, y funciona perfectamente.

Otra historia de éxito *online* es un grupo de *regional managers* que por temas de COVID han optado por trabajar en formato *online* las reuniones COCS. En este caso utilizamos la herramienta de videoconferencia Google Meet (aplicación gratuita), que se presta perfectamente para trabajar *online* de forma eficiente. Como muchas otras empresas, llegaron rápidamente a la conclusión de que no pueden estar esperando a que pase la pandemia ya que el negocio sigue y necesitan colaborar para dar respuesta a los retos que se presentan.

En la siguiente tabla explico los pros y los contras de ambas modalidades.

FORMATO PRESENCIAL		FORMATO ONLINE	
PROS	CONTRA	PROS	CONTRA
Información no-verbal más rica, lo que mejora la calidad de la información.	Por el simple hecho de estar presente se presupone que se está escuchando, cosa que en la práctica se ha mostrado no ser verdad.	Se respetan mucho los turnos, lo que mejora la calidad de la escucha y se aprovecha mejor el tiempo ya que se evitan corrillos.	Se pierde información no-verbal.

FORMATO PRESENCIAL		FORMATO ONLINE	
No hace falta luchar contra problemas tecnológicos.	Para equipos dispersos es una inversión más elevada y puede afectar a la frecuencia de las reuniones.	Permite ahorrar costes y tener a equipos geográficamente dispersos. El tiempo no perdido en atascos se invierte con ganas en algo productivo.	Si no ha habido un pacto claro inicial de que evitemos distracciones como responder *emails* o *WhatsApps*, a algunas personas les puede resultar más fácil desconectar.
Se genera un clima de más inclusión, de tribu.	Es más fácil que se produzcan conversaciones paralelas, lo que genera ruido de fondo y desconexión con el cliente o del cliente mismo («Nadie me escucha»).	Los participantes se encuentran en sus casas, un entorno seguro, lo que permite que se abran más rápido y se llegue antes al quid de la cuestión.	Puede que cueste más generar confianza, como en el caso de que alguien no tenga cámara o que la tenga pero no esté en primer plano.

¿Y qué pasa con el formato híbrido?

En estos nuevos tiempos, seguramente habrás estado en alguna actividad, reunión, formación híbrida en la que parte del grupo esté de modo presencial y parte lo esté *online*. Como siempre digo: todo es posible pero tiene implicaciones. He realizado sesiones con todos los participantes en presencial pero con una persona en virtual. En este caso tenemos que tener especial cuidado de integrar a la persona que está en modo virtual. De forma inconsciente podemos estar hablando todos a la vez en el grupo presencial, lo que hace prácticamente imposible para la persona en virtual entender y participar. Así que mucha atención y disciplina por parte del grupo y el guía COCS.

Otra variante sería que parte de las sesiones fueran presenciales y otras *online* pero con todos los participantes en la misma condición. Creo que es una opción muy interesante, especialmente si podemos organizar la primera sesión de forma presencial, y sobre todo si son personas que no se conocen (i.e. formato extra-organizacional). Recordarás que al inicio es muy importante generar la necesaria confianza para poder trabajar en grupo. Sabemos que la confianza se puede construir de forma *online* pero creo que el formato presencial la facilita más. Una vez creada la confianza, el resto de las sesiones podemos organizarlas de forma *online* perfectamente. Si tenemos posibilidad, creo que una sesión de cierre presencial facilitaría mucho las cosas. Es un momento de compartir experiencias, aprendizajes, y sobre todo de celebrar.

TÉCNICAS ESPECÍFICAS PARA EL COCS ONLINE

Lo que sigue son tres técnicas, una para cada fase distinta del proceso de COCS.

Fase inicial: Técnica de icebreaker o rompehielos

Está claro que la fase inicial en un COCS es crítica para su posterior desarrollo. En el formato *online* lo es igualmente, si no más crítica aún. Se nos plantea el reto de generar confianza en *online*, algo muy difícil pero no imposible. Por ello tenemos a disposición varias técnicas y una que se llama «Icebreaker» o rompehielos, un tipo de ejercicio para que los participantes se conozcan a nivel personal y puedan empezar a generar confianza.

A continuación tienes dos ejercicios que te pueden servir en esta primera fase:

Ejercicio 1: Monigotes

El ejercicio consiste en mostrar la foto que sigue con los monigotes. Cada monigote tiene un número y pedimos a los participantes que escojan algunos de ellos y que respondan a las siguientes preguntas:

- Un monigote que represente cómo actúas normalmente. ¿Por qué?
- Uno que represente cómo crees que los demás te ven normalmente. ¿Por qué?
- Uno que represente cómo te gustaría que los demás te vieran. ¿Por qué?
- Uno que represente cómo no te gustaría que los demás te vieran. ¿Por qué?

Después de una reflexión personal se comparten las distintas historias. Es un ejercicio muy sencillo y divertido que permite conocerse mejor a los participantes y a construir confianza.

YO

Ejercicio 2: Un objeto con una historia

Es un ejercicio muy sencillo en el cual pedimos a los participantes escoger un objeto que tengan en la mesa de trabajo o en el espacio donde se encuentren. El objeto les permite contar una historia personal o describir un estado emocional actual. Se realiza una ronda en la cual cada persona presenta su objeto y su historia y los demás escuchan para luego preguntar si quieren.

Fase de generación de preguntas y consejos

Para esta fase también he preparado dos ejercicios que se pueden aplicar en formato *online* generando participación e interacción vital en el entorno.

Ejercicio 1: Grupos pequeños

Esta técnica es especialmente útil si trabajamos con un grupo grande (de diez a doce personas). Haciendo uso de la aplicación de Zoom[26], se divide al grupo en tres o cuatro subgrupos para que trabajen en habitaciones virtuales algunos temas en concreto. Las ventajas de esta forma de trabajar son claras:
- Todos los miembros del subgrupo tienen voz y el espacio necesario para poder aportar. No es lo mismo aportar en un grupo de doce que en un grupo de tres a cuatro personas.
- En los subgrupos podemos llegar más rápido a los temas nucleares, además de profundizar.

---

26   Las plataformas Teams y Google Meet también ofrecen la opción de trabajar en habitaciones virtuales en grupos pequeños.

- Se optimizan muy bien los tiempos ya que el sistema gestiona de forma automática la división en grupos, el enviar a los participantes a las habitaciones virtuales, así como traerlos de vuelta. No se pierde tiempo y se genera un dinamismo muy productivo.

El trabajo con *breakout rooms* en Zoom se puede usar para multitud de ejercicios. En el caso de COCS es especialmente útil a la hora de formular preguntas o sugerencias para el cliente. Es verdad que cuando un grupo puede debatir qué pregunta podría ser útil para el cliente, generalmente la calidad de la misma suele mejorar.

Ejercicio 2: Brainstorming o tormenta de ideas

Este ejercicio es especialmente interesante para organizar de forma eficiente una ronda de ideas o propuestas después de haber escuchado al cliente. Para ello, se pueden usar varias aplicaciones como jamboard[27] o mural[28]. Pedimos a los participantes que propongan sus propuestas escribiendo post-its virtuales en la aplicación. Las ventajas son claras:
- No se pierde información
- Todo el mundo puede participar
- Genera interactividad
- Podemos juntar post-its con las mismas ideas (convergencia de ideas)

---

27   www.jamboard.google.com

28   www.mural.com

Fase final: Aprendizajes

En esta fase del proceso, el grupo se reserva un momento para reflexionar sobre cómo han trabajado juntos poniendo foco en la calidad del proceso, la metodología aplicada y las técnicas que han practicado.

Se podría hacer este ejercicio de viva voz, pero mi experiencia me demuestra que, siendo muy valiosa está información, se puede perder al no dejar por escrito los aprendizajes.

Ejercicio 1: Funciona, mejorar y acción

Ideaboardz[29] es una herramienta *online* estupenda para realizar este tipo de ejercicio. Es cómoda, gratuita y no necesita registro alguno por parte de los participantes (es suficiente mandar el link por el chat de la aplicación que se está utilizando en el momento de la reunión).

Se generan tres columnas en la plataforma. Pedimos a cada participante escribir en post-its virtuales sus ideas.

- Columna 1: Los temas que han funcionado durante la sesión.
- Columna 2: Los temas que podemos mejorar como grupo.
- Columna 3: ¿Qué vamos a hacer de modo diferente la próxima sesión?

---

29   www.ideaboardz.com

Ejercicio 2: «Cómo te vas?»

A veces el grupo se queda sin tiempo para despedirse y hacer un cierre en condiciones. Pero es importante que se pueda dar voz al sentir individual de sus miembros así como del grupo en su conjunto.

Existe una plataforma, «menti»,[30] que es gratuita y que puede recoger en muy poco tiempo la opinión de cada participante generando un «wordcloud» que refleja ese sentir.

---

30   www.mentimenter.com

5. APLICACIÓN DE TÉCNICAS EN REUNIONES COCS

Un recorrido COCS normal consiste en trabajar con el mismo grupo durante un período de unos seis meses a un año y una media de seis sesiones. Las primeras sirven para que los participantes creen un espacio de confianza y para aprender la metodología. Dependiendo de la evolución del grupo, a partir de la tercera o cuarta sesión se podría experimentar con nuevas técnicas para que sigan aprendiendo.

En este capítulo explico las técnicas con las puedes experimentar y qué elementos tienes que tener en cuenta a la hora de introducirlas. Empiezo con algunas técnicas básicas para luego pasar a algunas más avanzadas como son la gamificación y las configuraciones sistémicas.

PUNTOS DE ATENCIÓN A LA HORA DE APLICAR NUEVAS TÉCNICAS

Antes de entrar en las distintas técnicas aplicables en una reunión COCS me gustaría aclarar cómo veo yo en este caso la diferencia entre método y técnica, que nos ayudará a entender mejor la información que sigue.

Como ya sabemos, el método COCS consiste de un proceso de trabajo grupal donde se utiliza el conocimiento colectivo para encontrar soluciones prácticas a los desafíos individuales que presentan sus participantes. El proceso PIVOTA consta de varias fases que han sido debidamente explicadas en el capítulo 2.

Las técnicas son herramientas que se aplican a las diferentes fases del proceso y, dependiendo del objetivo del cliente, la madurez del grupo y el conocimiento del Guía COCS, se pueden aplicar unas u otras.

A modo de resumen podemos decir que en una reunión COCS el método siempre es el mismo y que lo que puede variar son las técnicas aplicadas.

¿Para qué aplicar distintas técnicas durante un COCS? La razón principal es para seguir motivando a los miembros del grupo a participar. Si siempre usamos las mismas técnicas y las mismas rutinas durante las reuniones corremos el riesgo de que los participantes se aburran y se desenganchen. La introducción de nuevas técnicas trae aire fresco y estimula la creatividad de las personas.

Existen beneficios colaterales derivados de la introducción de nuevas técnicas: los participantes siguen aprendiendo y adquieren nuevas herramientas y conocimientos que les hacen ser más eficientes en las siguientes reuniones COCS, pero a la vez les pueden servir en su día a día en otros contextos profesionales como, por ejemplo, reuniones de trabajo con compañeros del equipo o de otros equipos.

¿Cuáles son los puntos de atención a la hora de introducir nuevas técnicas?

- Informar: para un grupo COCS eficiente son muy importantes la claridad y la seguridad de una buena explicación, así que es necesario explicar y formar a los miembros acerca de en qué consiste la nueva técnica que se propone introducir.

  Podemos usar un rotafolios tradicional para explicar los diferentes pasos en los que consiste la técnica o entregar un pequeño documento explicativo de la misma. También podemos presentarlo por medio de un Power-Point, pero mi experiencia es que la gente necesita tiempo para poder asimilar todo. En este sentido puede ser útil mandarles la información de antemano para aprovechar la reunión y aclarar posibles dudas.

El documento debe contener:

√ Objetivo: ¿Qué se persigue con la técnica?

√ Formato: ¿En qué consiste la técnica?

√ Fase del proceso: ¿En qué fase del proceso se utiliza? ¿Sirve más para generar claridad en el caso del cliente o para generar alternativas?

√ Listado de materiales si procede

- La madurez del grupo influye a la hora de elegir una técnica u otra. Para un grupo novel es más importante tener claro el proceso COCS y las herramientas básicas que experimentar con nuevas técnicas. Para un grupo que ya lleva un tiempo y ha ganado confianza es ideal empezar a explorar nuevas técnicas.

- Equilibrio de novedad frente a maestría. El grupo tiene que buscar el equilibrio entre la novedad de experimentar con nuevas técnicas y adquirir la maestría suficiente en una técnica para poder aplicarla con seguridad. A veces nos podemos encontrar con un grupo muy creativo con ganas de experimentar a los que les parece más importante la forma que el fondo.

En este sentido nos puede guiar un principio básico de COCS: el foco es el cliente y cómo le podemos ayudar mejor para resolver su caso. Así que cuando hay que elegir entre la novedad de una nueva técnica o servir mejor al cliente con una técnica conocida, la elección claramente debería ir a favor del cliente.

Desaconsejo también empezar a discutir la eficiencia de una nueva técnica durante la reunión ya que desviaremos la atención de lo que realmente es importante:

el caso del cliente. Empezar un debate sobre la técnica puede cortar el flow del cliente, desconectándolo de su caso.

Si nos encontramos en el caso de que la nueva técnica realmente no está funcionando podemos volver a la técnica básica descrita en la fase 3 (Visión 360°) del proceso PIVOTA. Al final de la reunión dedicaremos un espacio para evaluar entre todos la técnica en cuestión para ver cómo podemos mejorarla entre todos.

- Evaluar la eficacia de la nueva técnica. Como ya comenté antes, al final de cada reunión se reserva un tiempo para evaluar la eficacia y la eficiencia de la misma. Está claro que los resultados obtenidos son muy importantes, pero no menos importante es la calidad del proceso que hemos seguido para obtenerlos. Cuanto más enfoquemos en cómo ejecutamos el proceso, más aprenderemos sobre las palancas de la mejora continua. Aquí incluyo dos preguntas para evaluar una nueva técnica:
  - √ ¿De qué manera puede ayudar esta técnica a tener una reunión exitosa?
  - √ ¿Qué resistencias podemos identificar por parte nuestra con respecto a esta técnica?

TÉCNICAS PARA REUNIONES COCS EFICACES

Cómo ya he señalado antes, dentro de la metodología COCS con su proceso PIVOTA podemos aplicar técnicas distintas con distintos objetivos: generar más profundidad en los ejercicios, introducir momentos de diversión o simplemente acercarlos a grupos más experimentados.

A continuación marcaré en cada técnica el grado de dificultad de aplicación así como en qué fase del proceso PIVOTA la puedes aplicar. Las primeras técnicas son sencillas y pueden ser llevadas a cabo por casi cualquier persona, y luego siguen técnicas avanzadas para las cuales necesitas preparación, formación y experiencia de distintos grados.

El arte de preguntar

Nivel básico
Fases PIVOTA: Visión 360º - Opciones

El mundo es cada vez más complejo, veloz, tecnológico e interdependiente. Antes la información era poder, ahora lo es el conocimiento. La información son datos procesados con una utilidad general, mientras que el conocimiento significa métodos y maneras de resolver problemas. El conocimiento aporta valor al tener en cuenta el contexto o el conjunto de contextos en los que operamos, generando comprensión.

Ante esta complejidad surge la necesidad de tejer redes; redes de personas y entidades para conseguir nuestros objetivos. Para ello es clave una buena comunicación basada en la confianza. Tenemos muchas herramientas a nuestra disposición para crear buenos canales de comunicación, y la que más nos puede aportar es el arte de hacer preguntas. E. Schein[31] ha acuñado el término «La pregunta humilde», que lo define muy bien: «La pregunta humilde es el arte sutil de conseguir que otros se abran y formulen preguntas cuya respuesta usted no conoce, de forjar una relación basada en la curiosidad y el interés por la otra persona».

---

31   Edgar H. Schein es considerado una autoridad en Psicología de las Organizaciones, padre del Desarrollo Organizacional, y creador de los conceptos de Cultura corporativa, Psicológico y Ancla de carrera.

Y este es un tema nuclear en COCS: ante la incertidumbre, generamos seguridad y confianza. Igual uno no encuentra todas las respuestas o soluciones a sus retos, pero sí proporcionamos la seguridad necesaria para que tengan las herramientas y la red necesarias para encontrarlas con el tiempo.

Antes de entrar en qué tipo de preguntas podemos hacer, me gustaría nombrar algunos principios básicos para guiarte durante una reunión COCS:

*Aceptación - confianza -
desapego del resultado - preguntas.*

Todo empieza por ACEPTAR a las personas tal y como son. Parece fácil, pero habría que conseguir aparcar los (pre) juicios y estar muy abiertos a otras formas de pensar. Actualmente se habla mucho de la diversidad y de ser inclusivos, y sería útil realizar una autoevaluación para ver en qué medida lo eres o de lo contrario apruebas únicamente a personas parecidas a ti.

En segundo lugar, si quieres que el cliente se abra de verdad, es necesario generar la necesaria CONFIANZA para conseguirlo. Obviamente el acto de preguntar y escuchar ya genera confianza, pero te invito a ir un paso más allá y que te preguntes desde dónde realizas las preguntas: ¿Cuál es tu intención a la hora de lanzar una pregunta? ¿Para qué la haces? ¿Desde dónde la haces? ¿Quieres criticar, juzgar o imponer? O más bien lo contrario ¿generar confianza, no juicio, empatía y apertura de mente?

Ten en cuenta que una persona pedirá ayuda generalmente si tiene la sensación de que puede fiarse de la otra persona. Una persona que se abre muestra su vulnerabilidad y no quiere correr el riesgo de ser el hazmerreír de todos. Así que el tema que inicialmente pone sobre la mesa muchas veces no es el tema que realmente le importa. Probablemente, de forma inconsciente esté comprobando si se encuentra en un entorno emocionalmente seguro para abordar el tema que le preocupa en realidad.

Un principio que ya mencioné con anterioridad, pero que repito porque es uno de los errores más comunes que me encuentro al guiar reuniones COCS, es el desapego del resultado. Tenemos que evitar llevar a nuestro cliente a nuestra solución, que puede ser muy válida, pero hay que recordar siempre que estamos a su servicio, que él tiene su forma de ser y sus circunstancias, lo que hace imperativo que sea el mismo quien encuentre sus propias vías de solución. Los demás estamos a su servicio y lo hacemos a través de la calidad de las preguntas, lo que me lleva al último principio.

GIGA: *Garbage In Garbage Out* es un término que tomo prestado de las ciencias de la información con el que afirman que los ordenadores pueden generar datos (*output*) de forma masiva, pero pueden carecer de utilidad si la calidad de los datos iniciales (*input*) es pobre. En relación al COCS podemos usar el mismo principio. Si las preguntas que hacemos carecen de calidad (profundidad, intención, etc.), las respuestas que obtendremos del cliente seguramente también serán pobres. Evitemos pues las preguntas cerradas, críticas, o las que llevan disfrazada la solución al tema.

¿Qué tipo de preguntas son útiles entonces? Dependiendo de la persona, la situación y la creatividad de los participantes, el tipo de preguntas que podemos realizar es infinita. Para facilitarte el inicio de un proceso COCS, te propongo tres categorías de preguntas: las que permiten explorar, las que permiten indagar y las que permiten desarrollar.

Las preguntas de exploración son muy útiles al principio de la conversación. Son preguntas muy abiertas que permiten al cliente exponer su tema. Algunos ejemplos de preguntas son:

- «¿De qué quieres hablar?».
- «¿Qué te tiene (pre)ocupado?».
- «¿Qué te interesa más?».
- «¿Con qué estás satisfecho?».
- «¿En qué asunto te gustaría poner el foco?».
- «¿Qué te gustaría alcanzar?».
- «¿A qué pregunta le estás buscando una respuesta?».

Propongo un caso práctico para que podamos ver el uso de los distintos tipos de pregunta.

Estela tiene un problema en el trabajo, pero se niega a pedir ayuda a sus compañeros, a los que considera poco profesionales (comportamiento). Una buena pregunta de exploración sería: «Hola Estela, ¿qué podrías conseguir si pidieras ayuda a tus compañeros?».

Las preguntas de indagación permiten escuchar, profundizar y resumir. Con este tipo de preguntas queremos descubrir las partes del iceberg que están sumergidas, no visibles para los demás. Los temas que se encuentran más abajo (i.e. creencias) alimentan, explican los temas que se encuentran más arriba (comportamiento).

Gracias a la indagación, podemos ayudar al cliente a descubrir qué hay detrás de su tema e identificar los elementos que le están frenando, así como las fortalezas que le permitirán avanzar. Aquí incluyo algunos ejemplos de preguntas de indagación:

- «En este tema, ¿qué te ronda por la cabeza?».
- «¿Quién / qué / dónde / cuándo / cómo / y ... qué más?».
- «Situación / sentimientos / pensamientos / comportamientos / efectos».
- «¿Puedes también mirarlo de otra manera?».

* «Pasado / presente / futuro».
* «¿Cuál es el beneficio?».
* «¿Qué dificultades encuentras...?».

Aplicado al caso de Estela, para ella, gente poco profesional es gente que llega tarde, que no recoge su mesa o que viste de modo informal (creencias). Ahora bien, esta parte la desconocemos y es la que nos interesa descubrir con las preguntas de indagación. Un buen ejemplo sería: «¿Cuál es el beneficio de no pedir ayuda a tus compañeros?», «¿Qué impacto tiene esto en ti?», «¿Qué beneficio secundario obtienes de no pedir ayuda a tus compañeros?».

La última categoría de preguntas son las que permiten desarrollar el tema del cliente y para enfocarlo hacia la acción.

* «¿Qué quieres hacer en un futuro próximo?».
* «¿Qué (más) quieres desarrollar?».
* «¿Qué habrá cambiado cuando hayas alcanzado tu objetivo en tus comportamientos / pensamientos / sentimientos / percepciones / efectos / situación?».
* «¿En qué situaciones lo haces ya en la actualidad?». ¿Pasa ya y por qué?».
* «¿Qué posibles soluciones / intervenciones se te ocurren?».
* «Imagínate que...».
* «¿Qué pasa si no haces nada?».
* «¿Qué necesitas para lograr tu objetivo?».
* «¿Qué vas a hacer?».

Retomo el caso de Estela. Hola Estela, imagínate que ha ocurrido un milagro y te levantas un día pidiendo ayuda a tus compañeros. ¿Qué habría cambiado en ti para que esto ocurriera?

Trampas mentales

Nivel medio:
Fases PIVOTA: Visión 360º

Directamente ligada con el arte de preguntar, me gustaría presentar otra herramienta que permite indagar más e ir más allá de lo que inicialmente nos comenta el cliente (acuérdate: el problema rara vez es el problema).

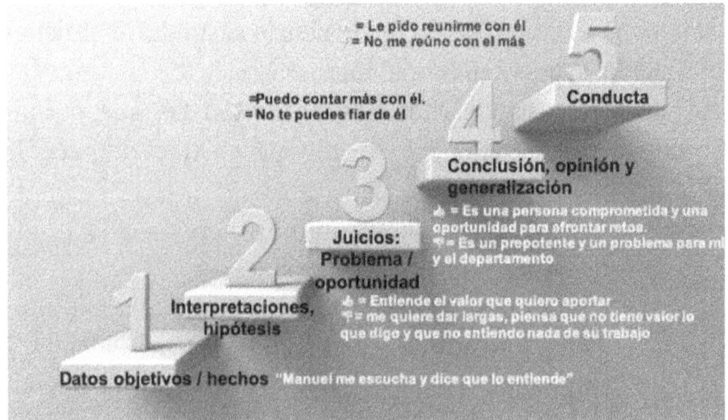

Autora del gráfico: Beatriz Catalá de www.satori-3.com

La escalera de inferencia de Chris Argyris[32] permite descubrir las trampas mentales que nuestro cliente está aplicándose para justificar su comportamiento.

La técnica consiste en recorrer la escalera con el cliente por medio de las preguntas. Gracias a ello, descubriremos poco a poco qué película se cuenta para llegar a las conclusiones y, por tanto, a los comportamientos que muestra. Al

---

32   Chris Argyris - titular de la cátedra James Bryant Conant de Educación y Comportamiento Organizacional en la Harvard Business School, director emérito de The Monitor Company y reconocido experto en aprendizaje organizacional.

ascender y descender por la escalera, el cliente se da cuenta de sus propias trampas y tiene la posibilidad de adaptar su comportamiento y obtener mejores resultados.

Adjunto también una lista de tipos de trampas mentales:
- Filtro mental / atención selectiva: tendencia a ver únicamente lo positivo o lo negativo.
- Etiquetación: convertir un hecho en un rasgo de personalidad.
- Generalización: siempre, todo, nunca…
- Catastrofismo: «… y si…?».
- Lectura de pensamiento: dar por hecho lo que opinan los demás.
- Dramatización: exageración.
- Falacia de control por exceso: híper-responsabilidad.
- Falacia de control por defecto: inactividad.
- Uso del debería: el deseo ajeno es una obligación propia.

Troika Consulting

Nivel: básico
Fases PIVOTA: Iniciativas - Visión 360º - Opciones

Puedes aplicar Troika Consulting[33] en grupos un poco más grandes, por ejemplo, de a partir de nueve personas. Sirve para romper la dinámica de escuchar siempre a todos los participantes, a la vez que ganas tiempo cuando somos muchos alrededor de la mesa.

La dinámica cuenta con siete pasos:

---

33 Está técnica la he encontrado en la web www.liberatingstructures.com, un proyecto fantástico impulsado por Keith McCandless y Henri Lipmanowicz, que pone a disposición de todo el mundo una serie de dinámicas para trabajar de forma eficiente y sencilla con grupos.

1. Invitamos a los participantes de forma individual a reflexionar sobre la pregunta de consulta (el desafío y la ayuda necesaria) que piensan hacer cuando son los clientes. 1 minuto.
2. El grupo se divide en grupos pequeños, y preferiblemente en tríos. Los grupos hacen que el primer cliente comparta su pregunta. 1-2 min.
3. Los consultores hacen preguntas aclaratorias al cliente. 1-2 min.
4. El cliente se da la vuelta de espaldas a los consultores. No interviene ya activamente en la conversación. Se limita a escuchar a los consultores.
5. Juntos, los consultores generan ideas, sugerencias y consejos para el cliente. 4-5 min.
6. El cliente se da la vuelta y comparte lo más valioso de la experiencia. 1-2 min.
7. Los grupos cambian a la siguiente persona y repiten los pasos.

Un pequeño truco que propongo a los consejeros cuando les toca dar su opinión: es mucho más productivo para el cliente darle consejos con acciones pequeñas, de alto impacto, que realmente esté en su mano llevar a cabo. Esto genera ganas y aumenta la probabilidad de que el cliente coseche éxito en el corto plazo, lo que juega a su favor y también de los demás miembros del grupo, porque evidencian que sus aportaciones están teniendo un impacto real en la vida del cliente.

Fish bowl

Nivel: medio
Fases PIVOTA: Visión 360º - Opciones

La técnica del *Fish bowl* o pecera facilita y estructura el diálogo en grupos más grandes. Imagínate un grupo de quince-veinte personas; es prácticamente imposible mantener la atención de los participantes, así como fomentar la participación de todos.

Fuente: www.visualfriends.com

La técnica tiene muchas variantes y, dependiendo del objetivo que busquemos, se puede adaptar el formato de la dinámica.

El grupo se divide en dos sub-grupos. Un grupo nuclear más compacto de unos cuatro-cinco participantes además del cliente. Conforman un círculo mirando todos hacia el centro del círculo; serán los peces. El segundo grupo, más grande, conforma un círculo alrededor del primer círculo, generando así la pecera. Los peces tienen un rol activo, haciendo preguntas al cliente y generando debate. Las personas que conforman la pecera tienen un rol más pasivo, dedicándose a escuchar y observar.

En el círculo interior se coloca una silla vacía que puede ser ocupada por alguien del círculo exterior si quiere participar en la conversación. En el momento en que alguien de la pecera se sienta y hace de pez, alguno de los peces se tiene que levantar y sentarse en el círculo exterior. De esta manera siempre habrá una silla vacía y creamos la posibilidad de que todas las personas puedan participar activamente en el debate. Eso sí, de forma ordenada y siempre manteniendo la conversación en grupo pequeño, que es más eficiente que en un grupo grande. Además, el cambio de sillas y participantes genera dinamismo en el debate, así como tener a una parte del grupo con una escucha muy activa.

Diálogo socrático

Nivel: medio
Fases PIVOTA: Visión 360º - Opciones - Tareas

En esta técnica se pone aún más énfasis en las preguntas y menos en las soluciones. El cliente valora la calidad de las preguntas formuladas por los participantes y les asigna un valor: cálido, frío o neutro. También pueden usar rojo, naranja y verde, siendo frío/rojo, la pregunta no aporta nada nuevo, el cliente ya ha pensado en ello o ya lo ha intentado; neutro/naranja, es una pregunta nueva pero que no aporta nuevas perspectivas; y finalmente cálido/verde, que representa preguntas que le llegan mucho al cliente, aportando nuevas perspectivas y tocando temas que van directamente al quid de la cuestión.

El objetivo es identificar el máximo número de preguntas cálidas/verdes para que el cliente pueda explorar nuevos terrenos, nuevas formas de abordar su reto. No siempre le gustarán al cliente por muy útiles que sean. En un caso un cliente cuenta su situación actual en el trabajo. No está feliz y explica que lleva cinco años así, pensando en proyectos en los cuales le gustaría poner energía. Todas son muy buenas ideas, pero ninguna ha sido puesta en marcha. Su silencio fue mayor cuando uno de los participantes le preguntó: ¿A qué estás esperando para poner en marcha por lo menos una de tus ideas?

Los diferentes pasos en la técnica del diálogo socrático son:

- El cliente presenta un caso: una situación sobre la que tiene dudas o preguntas. Cuenta el caso y qué preguntas le genera el mismo.
- Los participantes realizan tres preguntas abiertas para ayudar al cliente a explorar el problema. Se anotan en un rotafolios.
- El cliente califica las preguntas:
  - √ Cálido/verde: arrojan nueva luz sobre el tema.
  - √ Frío/rojo: son relevantes, pero el cliente ya ha pensado en ello o lo ha intentado
  - √ Neutro/naranja: nuevo, pero sin nuevas perspectivas.
- El protagonista responde a todas las preguntas.
- Opcionalmente se organiza una segunda ronda de preguntas.
- Los participantes reformulan el problema del cliente en una oración como si fuera su propio caso, y así empatizar al máximo.
- El protagonista califica las reformulaciones: cálido-verde / frío-rojo / neutro-naranja.
- El cliente reformula su tema inicial. El guía COCS se asegura de que los temas declarados al inicio se incluyen de alguna manera en la reformulación.

- Principios generales: la última fase es la post-discusión de la pregunta del cliente. En este momento los participantes pueden por primera vez dar su propia opinión.
- Momento de decisión: el protagonista decide dejarlo aquí o tomar un siguiente paso.
- El protagonista les dice a los demás cómo quiere enfrentarse a la situación y si las dudas se han ido.
- Sugerencias: si fuera necesario, el protagonista aún podría pedir más sugerencias a los participantes.

GAMIFICACIÓN

La gamificación puede ser perfectamente integrada en un proceso COCS. Como ya mencioné, cuando los grupos llevan un tiempo trabajando juntos puede que pierdan el interés porque «siempre hacemos lo mismo». Este es el momento de experimentar con las nuevas técnicas descritas arriba o introducir algunas de las herramientas de gamificación que te quiero presentar. Las dos son fantásticas a la hora de captar la atención de todos, así como para estimular la parte creativa de los participantes.

Lego© Serious Play

Nivel: avanzado
Fases PIVOTA: Visión 360° - Opciones

El titular lo dice todo: Lego Juego Serio. Consiste en usar las piezas de lego para trabajar con un grupo introduciendo Lego como elemento creativo y permitiendo el acceso al inconsciente individual y colectivo de los participantes. Es verdad que es divertido, pero a la vez una herramienta muy potente, si es aplicada de forma correcta, claro. Aunque aquí explico por encima cómo puedes aplicarla, te aconsejo que te certifiques en la metodología si te planteas usarla de forma profesional.

En LSP no construimos casitas u otros objetos; se construyen a partir de metáforas dando forma física a las imágenes que surgen de nuestro inconsciente. Es impresionante observar cómo gracias a unos bloquecitos de plástico somos capaces de sacar a la luz información que tenemos disponible pero que no sabíamos que teníamos dentro.

El propósito de Lego Serious Play es maximizar el potencial, los insights, la confianza y el compromiso de todas las personas alrededor de la mesa.

¿Cómo aplicar LSP en una sesión COCS?

LSP es una herramienta muy completa y ofrece muchísimas posibilidades durante una reunión COCS. Me limito a explicar una opción que me parece muy acertada para este contexto.

Empecemos con los materiales. Se pueden usar materiales tradicionales de Lego, pero aconsejo usar los materiales[34] que han creado específicamente para este fin. Se tienen que prepara dos mesas grandes, una donde se reúne el grupo y donde debaten, y otra para colocar todos los materiales para que podamos trabajar más organizadamente.

Con respecto a los tiempos, habría que prever una duración mayor que en el proceso normal sin LSP. Si la reunión COCS normalmente dura entre una y dos horas, para una sesión COCS con LSP habría que añadir una hora más.

Ya podemos empezar la reunión COCS y propongo usar el método original PIVOTA, introduciendo LSP para alguna fase en concreto:

1. Planteamiento inicial
2. Iniciativas
3. Visión 360° + LSP
4. Opciones + LSP
5. Tareas
6. Aprendizajes (+ LSP opcional)

Como puedes observar, el planteamiento es parecido, pero introducimos el LSP en dos fases importantes: visión 360° y opciones.

La fase visión 360° consiste de tres pasos:

---

34 Los puedes adquirir en www.lego.com/es-es/product/identity-and-landscape-kit-2000430, aunque si no los piensas usar con gran frecuencia te aconsejo alquilarlos para la ocasión.

1. El sueño: el objetivo a alcanzar en un futuro. En este paso pedimos al cliente que construya su sueño con Lego. Antes de que empiece a construir conviene hacer un pequeño calentamiento para que los participantes entiendan qué es LSP, para qué sirve y cómo se utiliza. No voy a explicar todos los detalles de la técnica, pero sí quiero, con la siguiente foto, reflejar el proceso básico de LSP:

Paso 1. Preguntar:

Los participantes crean historias a partir de una pregunta.

Paso 2. Construir:

Cada persona construye un modelo que responda a la pregunta planteada.

Paso 3. Compartir:

Ahora, se comparte la historias y/o el significado de cada modelo.

Paso 1. Reflexionar:

Finalmente, el grupo cristaliza las ideas y/o conocimientos clave.

El cliente se toma cinco minutos para construir un modelo que representa su sueño, el objetivo que le gustaría alcanzar en un futuro. Le explica su historia al grupo, que a su vez realiza preguntas aclaratorias. Terminado este paso nos vamos al siguiente.

2. El presente: la situación actual. Nuevamente le pedimos al cliente construir un modelo con Lego, ahora representando la situación actual. Lo explica y los participantes realizan preguntas. El cliente coloca los dos modelos sobre la mesa, uno en relación al otro, dejando un espacio entre los dos.

3. El camino: qué hemos alcanzado ya y qué falta por recorrer. En este paso podemos introducir muchas preguntas distintas, pero las más interesantes son:

- ¿Qué barreras te encuentras en el camino entre tu sueño y tu situación actual?
- ¿Qué recursos tienes para recorrer el camino?

No es necesario que le dejemos mucho tiempo para construir mini-modelos que representen las respuestas a las preguntas correspondientes. Cuanto más tiempo le demos, más riesgo corremos de que empiece a racionalizar los temas, cuando el objetivo es traer a la superficie imágenes internas a través de sus manos y las piezas de Lego. Es mejor darle poco tiempo para construir, que coloque los modelos y, si a la hora de explicarlos surge la necesidad de añadir algún modelo, invitarle a que lo construya rápidamente.

Los modelos que representan barreras y recursos los colocará en el espacio entre los modelos que representan el sueño y la situación actual, formando así una especie de paisaje de elementos que seguramente están interconectados. Los participantes ayudan a aclarar los diferentes elementos y también a descubrir recursos en los que el cliente igual no había pensado aún. Ojo: nuevamente sin caer en la trampa de querer aconsejarle acerca de todo lo que tiene que hacer. Habrá tiempo para ello en la siguiente fase.

La fase de opciones es la fase en la cual los participantes pueden dar su visión, ideas y consejos al cliente. Para ello harán uso igualmente de la herramienta LSP construyendo modelos que representen sus ideas en tres dimensiones. Cada participante explicará su modelo y las ideas que contiene. El cliente puede pedir aclaraciones, pero evitaremos entrar en discusiones.

El ejercicio termina con el cliente, que da las gracias al grupo por sus aportaciones, por un lado, y escogiendo las ideas que más útiles le parezcan para redactar su plan de acción.

Trabajo con figuras

Nivel: avanzado
Fases PIVOTA: Visión 360º - Tareas

En la misma línea que Lego Serious Play, aunque distinto, está el trabajo con figuras. Para ello se pueden utilizar las figuritas de PlayMobil[35] o cualquier otro tipo de figuras que tengamos a mano. De hecho, mi hijo pequeño me las reclama cuando se las he pedido prestadas.

Usamos las figuras para representar en tres dimensiones los diferentes elementos de la historia del cliente. Una vez haya expuesto su caso, le invitamos a escoger las figuras correspondientes y a que las coloque sobre la mesa. A partir de ahí le pedimos meterse en su historia usando las figuras como hilo conductor. Los elementos a tener en cuenta son las figuras, la posición en la mesa, la mirada, los movimientos, etc.

Lo explico mejor con un caso concreto:

La responsable del departamento de innovación de una empresa multinacional se pregunta cómo rentabilizar las distintas actividades que se están llevando a cabo. Muchas de las actividades están enfocadas en crear una comunidad incluyendo clientes, proveedores, emprendedores, estudiantes, etc., para generar oportunidades de negocio (el deseo).

---

35   PlayMobil acaba de sacar una línea profesional con este fin: www.proplay.es

Las figuras escogidas por el cliente son:
- El cliente mismo (la persona que plantea el caso)
- Las distintas actividades del departamento
- El propósito del departamento
- Las distintos *players* en la comunidad
- La viabilidad económica del proyecto

A partir de ese momento teníamos varias posibilidades. En este caso optamos por aplicar el método GROW, extraído del mundo del *coaching*, que consiste de cuatro pasos:
- *Goals*: ¿Qué quieres alcanzar en el futuro?
- *Reality*: ¿Qué está pasando ahora?
- *Options*: ¿Qué opciones tienes? ¿Qué puedes hacer?
- *Will*: ¿Qué vas a hacer? Plan de acción

Los vemos en detalle:

Paso 1: Goals-Objetivos

Se le pide al cliente que coloque las figuras en la configuración futura deseada: «De aquí a seis meses, ¿cómo te gustaría que fuera la situación?». El trabajo con figuras le permite meterse literalmente en su historia, traer a la superficie mensajes profundos, cosa que por medio de la conversación tradicional no siempre se consigue.

A la hora de colocar las figuras se tienen en cuenta los siguientes factores:

- Personajes/elementos del sistema: En un COCS se dispone de una gran oferta de figuras, lo que permite al cliente dar rienda suelta a su creatividad. La gran ventaja de este método es que se crea un entorno seguro para el cliente y a la vez permite traer a la superficie mucha información. Es verdad que las figuras no mienten, pero OJO con las interpretaciones: los participantes pueden sacar rápidamente conclusiones que no son.

  En este caso, el cliente sacó un león para representar a su jefe. Podemos sacar la conclusión de que es agresivo, etc. El guía COCS y los demás participantes deben limitarse a preguntar por el significado que tienen las distintas figuras para el cliente.

- Proximidad: Al colocar las figuras espacialmente tenemos que prestar especial atención a la distancia que el cliente deja entre las mismas. No es lo mismo que las figuras estén cara a cara dejando un centímetro de espacio que un metro. Nuevamente no sacamos conclusiones; acompañamos al cliente a que revele poco a poco sus pensamientos y sensaciones. El proceso de darse cuenta es fundamental en el COCS.

- La mirada: Otro tema a tener en cuenta es la mirada de las figuras. La mirada indica a qué prestamos atención. Es muy interesante observar quién mira a quién en la configuración, quién se focaliza en quién o qué, o justo lo contrario: ¿Quién o qué no es importante? o ¿Quién o qué no quiere ser visto? Es una información muy rica que completa la imagen interna del cliente.

- Orden y pertenencia: Relacionado con la mirada y la proximidad podemos hacerle al cliente preguntas como:
  - √ «¿Quién no pertenece a este sistema?».
  - √ «¿Quién o qué es excluido?».
  - √ «¿Qué o quién falta en este sistema?».
  - √ «¿Cuáles son las fronteras del sistema y dónde se encuentran?».

Una vez el cliente haya finalizado la colocación de su situación deseada, le pedimos formular su objetivo en una frase. Para que sea una definición lo más completa posible le invitamos a hacerla incluyendo las dimensiones de sentir, pensar y hacer.

Nuestro cliente lo expresó así: «Quiero que de aquí a un año mi departamento sea un centro de beneficios en vez de un centro de costes».

Paso 2: Realidad-Situación actual

Se le pide al cliente que coloque las figuras en la configuración que representa la situación actual. Surgen las siguientes preguntas:

- «¿Qué ha cambiado en comparación con la situación futura?».
- «¿Cómo se siente cada figura con respecto de la situación actual?».
- «¿Qué llama la atención?».
- «¿Qué significado tiene para ti el ...?».

Una vez que se ha investigado la situación actual, pasamos a la siguiente fase: las opciones.

Paso 3: Options-Opciones

En este momento, el cliente dispone de dos imágenes: la situación deseada y la situación actual. Llegado este punto, puede identificar las opciones qué tiene para recorrer al camino entre ambas situaciones. Los participantes le ayudan a generar un amplio abanico de alternativas para dicho camino. No es el momento de poner puertas al campo; se trata de generar posibilidades. Ponemos el foco en el «Y si…». Al final de este paso se realiza un análisis de coste/beneficio de cada alternativa, que es la base para el último paso del proceso.

Paso 4: Will-Acción

Este paso lleva al cliente del mundo de las ideas al mundo de la acción. «De todo lo que dijimos en el paso anterior, ¿ahora, qué vas a hacer?». Es la pregunta clave de este paso. Hay algunas preguntas más que podemos usar para ayudar al cliente a concretar al máximo las ideas propuestas:
  * «¿Qué tema concreto quieres poner en práctica?».
  * «¿Qué tienes ya a tu disposición para llevar a cabo?».
  * «¿Qué barreras internas y externas identificas?».
  * «¿Qué necesitas para avanzar?».
  * «¿Con quién cuentas para ayudarte en el camino?».

Volviendo a nuestro caso, el cliente se quedó con la siguiente conclusión:

Han surgido muchas ideas de cómo hacer rentable el departamento, pero siento que el problema no se encuentra allí. Nos falta aclarar el propósito de nuestro departamento: «¿Para qué estamos aquí? ¿A quién o qué damos servicio? ¿Cuál es nuestra razón de ser? Para responder a estas preguntas voy a tener una conversación con el *Senior Management* para entender su visión. Basándome en esta información, organizaré un workshop con el equipo de innovación para dotar de contenido al propósito de nuestro departamento».

CONFIGURACIONES SISTÉMICAS

Nivel: avanzado
Fases PIVOTA: Visión 360º-Opciones-Tareas-Aprendizajes

Las configuraciones sistémicas se pueden aplicar como una técnica alternativa más dentro del proceso COCS. Es una técnica relativamente nueva basada en el pensamiento sistémico que tan necesario es en los tiempos actuales, complejos y cambiantes. Es sorprendente cómo esta técnica facilita el rápido acceso a información necesaria para desenredar situaciones complejas en las que estamos atascados.

Igual que en Lego Serious Play, quiero resaltar que es un método que necesita formación y preparación por parte del guía COCS. A continuación se incluye una sencilla explicación de cómo aplicarla en un grupo. Aconsejo formarse en caso de querer aplicarla en el ámbito profesional. También reiterar que estas son técnicas avanzadas; no es necesario usarlas si aplicas la metodología básica de COCS.

Empiezo esta sección explicando qué es el pensamiento sistémico para luego entrar más en detalle en los principios sistémicos y cómo los podemos utilizar para entender mejor las dinámicas que encontramos en los casos de nuestros clientes. Finalmente te doy algunos ejemplos de cómo puedes usar las configuraciones organizacionales en una reunión COCS.

Pensamiento sistémico

Seguramente habrás escuchado la expresión: «El aleteo de una mariposa en Brasil puede provocar un tornado en Tejas». Es originaria de Edward Norton[36], quien planteó esta afirmación en forma de pregunta en una conferencia en el MIT en los años 70. Se dio cuenta del enorme impacto en sus predicciones meteorológicas de redondear sus cálculos del tiempo de tres en vez de seis números tras la coma. En resumen: pequeños cambios pueden tener grandes impactos.

El pensamiento sistémico propone ver la realidad con otros prismáticos, que permiten ver temas en su conjunto en vez de únicamente sus partes. Sobre todo se enfoca en las interrelaciones que existen entre ellos. Nos educa en un pensamiento lógico de acción-reacción y su inmediatez. Según el pensamiento sistémico, muchas de las consecuencias no se producen en el corto plazo y en el momento en que nos damos cuenta de ellas es difícil relacionarlas con su verdadero origen, ya que ha pasado mucho tiempo.

Para poder explicar lo que es el pensamiento sistémico primero es necesario entender lo que es un sistema. Aquí van algunas pistas:

- Todo el mundo forma parte de varios sistemas y subsistemas.
- Las partes están interconectadas e influyen entre sí.
- Cada parte tiene su función y soporta tensión.
- Los sistemas tienden a buscar el equilibrio.
- Se rige por principios y leyes.

El pensamiento sistémico aparece formalmente hace unos cuarenta y cinco años atrás, a partir de los cuestionamientos que desde el campo de la biología hizo Ludwig von

---

36 Edward Norton es matemático y meteorólogo estadounidense.

Bertalanffy[37], quien cuestionó la aplicación del método científico en los problemas de la biología, debido a que este se basaba en una visión mecanicista y causal, que le hacía débil como esquema para la explicación de los grandes problemas que se dan en los sistemas vivos.

Otros autores recientes que publicaron trabajos basados en el pensamiento sistémico y que me han inspirado mucho son Peter Senge[38], Peter Hawkins[39], Bert Hellinger[40] y Gunthard Weber[41]. Para explicar el funcionamiento de las configuraciones organizacionales en la propuesta COCS me baso en el trabajo de los dos últimos autores.

Principios sistémicos

El Homo Sapiens vivía hace más de 200.000 años en tribus. Entonces no había lenguaje verbal pero eso no les impedía comunicarse y establecer reglas claras de convivencia. La comunicación estaba basada en el entendimiento visual, la emocionalidad y la percepción.

Hace unos 4.000 años entramos en la era de la civilización y aparece el lenguaje verbal e impreso, lo que genera nuevas formas de comunicar impulsando nuestra evolución como especie. Eso sí, también pagamos un precio, pues la

---

37   Ludwig von Bertalanffy fue un biólogo y filósofo austríaco reconocido fundamentalmente por su Teoría de sistemas.

38   Peter Senge es autor de la *Quinta disciplina* y director del Centro para el Aprendizaje Organizacional del MIT.

39   Peter Hawkins es profesor de Liderazgo en Henley Business School, consejero emérito Chairman de Bath Consultancy Group, *coach*, escritor e investigador.

40   Bert Hellinger fue un teólogo y espiritualista alemán conocido por ser el creador de las constelaciones familiares

41   Gunthard Weber es doctor en Medicina, psiquiatra, asesor y terapeuta sistémico, y director del Instituto de Soluciones Sistémicas de Wiesloch, Alemania.

emocionalidad no-verbal de antaño quedó tapada de alguna manera por el lenguaje.

Por mucho que ahora estemos en un mundo híper-conectado con múltiples canales de información y comunicación, la vida tribal estableció unos principios de convivencia (sistémicos) que aún se encuentran activos en la actualidad. Estos impactan con fuerza en el comportamiento de las personas y generan dinámicas grupales, muchas veces de forma inconsciente.

Bert Hellinger, basándose en su experiencia, la filosofía y otras teorías como el psicoanálisis, el psicodrama (Moreno[42]), la PNL, el análisis transaccional, la terapia Gestalt, la teoría de sistemas de Palo y otros, propone tres principios sistémicos que están en la base de las dinámicas personales y grupales que se producen en los sistemas de convivencia.

- **1º principio: Pertenencia**

  √ Ningún miembro de un sistema tiene derecho a excluir a otro.
  √ Derecho de por vida – derecho temporal.
  √ La ley hace que se respeten las relaciones y los vínculos, las lealtades y deslealtades, el sentimiento de culpa e inocencia, la conciencia del sistema.
  √ En una organización sana todos los miembros son y se sienten reconocidos por lo que son.
  √ En empresas: transparencia en la estructura y funciones, despido, sin atención o reconocimiento. Valores, cómo se hacen las cosas por aquí.

---

42   Jacob Levy Moreno fue un psiquiatra, psicosociólogo y educador, reconocido por haber creado el psicodrama. Fue miembro de la facultad de Filosofía y Medicina, y trabajó en psicoterapia de grupo, sociometría e interpretación de roles.

- **2º principio: orden en antigüedad, contribución y jerarquía. Si cada parte del sistema está en su sitio, la organización está tranquila y puede fluir.**

  √ Antigüedad: Es necesario honrar y respetar la antigüedad de las personas. Gracias a su trabajo, la empresa, organización, familia existe y da posibilidad a los nuevos de incorporarse.

  √ Contribución: Existen personas y departamentos que velan más por la supervivencia del sistema. Necesitan recibir un reconocimiento proporcional por ello.

  √ Jerarquía: La jerarquía tiene que ser respetada por la responsabilidad que conlleva.

- **3er principio: Equilibrio entre dar y recibir**

  √ Todos nosotros tenemos un barómetro interno que mide cómo estamos en relación al sistema al que pertenecemos. El objetivo es buscar un intercambio dinámico y creciente entre las partes del sistema y el entorno (calidad y cantidad).

  √ Los sistemas tienden a buscar el equilibrio, aunque no lo alcanzan. Un sistema en equilibrio está muerto por falta de interacciones.

  √ Hay dinámicas de intercambio que provocan círculos virtuosos (expansivos, positivos para todos) pero también negativos (generan beneficio solo para una parte y tienden a romperse en el tiempo).

¿Cómo funcionan las configuraciones sistémicas?

Una configuración sistémica es una representación espacial, una especie de foto, que hace visible rápida e intensamente las dinámicas que están presentes en una organización (sistema). Una configuración permite conocer rápidamente las relaciones mutuas y el trasfondo del tema.

En una configuración sistémica el grupo explora un tema personal de alguno de los miembros (el cliente). Los demás participantes se ponen a disposición del cliente para traer luz sobre su tema. En la configuración sistémica utilizamos los cuerpos de los participantes para generar una imagen 3D del mundo interior del cliente. De alguna manera todos tenemos la capacidad de conectar sensorialmente con el campo de conocimiento del cliente.

Después de una breve entrevista, el facilitador sugiere quiénes estarán representados en la configuración. Se evita compartir demasiada información para que los representantes pueden trabajar de la forma lo más limpia posible. El cliente elige a un miembro del grupo para representarle a él ello y a otros miembros para representar otros elementos presentes en el tema que quiere trabajar. Pueden ser otras personas como, por ejemplo, su jefe, compañeros, etc., pero también conceptos abstractos como fortalezas, barreras, objetivos, el dinero, etc.

El cliente pide a los representantes que se coloquen espacialmente en la configuración. Los organiza de acuerdo con lo que se siente que es correcto en ese momento teniendo en cuenta la posición, la mirada y la distancia que deja entre los mismos. Una vez colocados, entonces se sienta y observa.

Transcurren varios minutos con los representantes parados y en silencio. Inicialmente los representantes no actúan, no dialogan, ni juegan roles. Simplemente se permiten sentir, prestando especial atención a las sensaciones corporales y a la intuición perceptiva.

Los representantes tienen poco o ningún conocimiento sobre aquellos a quienes representan. Sin embargo, se afirma que el campo del conocimiento los guía a percibir y articular sentimientos y sensaciones de las personas y elementos que representan.

El facilitador le pide a cada representante que describa brevemente cómo se siente al ser colocado en relación con los demás. El objetivo es buscar vías de solución al problema del cliente, reposicionando a los representantes, y agregar temas clave del sistema que han sido olvidados o eliminados de la historia. Si los representantes no se sienten en paz con su nueva posición pueden moverse de nuevo para ver si encuentran una posición mejor.

No se permiten demasiados diálogos entre los representantes para evitar que empiecen a conectar con su propios pensamientos y juicios. Sí son invitados a expresar brevemente frases que sienten que pueden contribuir a la solución del tema. A veces el proceso concluye sin que se logre una resolución completa. Cuando todos se sientan cómodos en su lugar y hayan podido decir lo que fuera necesario, la configuración sistémica concluye.

Configuraciones sistémicas aplicadas en COCS

Aunque el trabajo con configuraciones sistémicas es cada vez más conocido, inicialmente proponemos contratar a un profesional en la materia que pueda guiar al grupo para introducir esta nueva forma de trabajar. No obstante, el grupo de forma autónoma puede practicar ejercicios sencillos para tomar consciencia de cómo funcionan y el poder que tienen.

Antes de presentarte el proceso COCS en combinación con las configuraciones sistémicas, te adelanto dos ejercicios de calentamiento que permiten a los participantes familiarizarse con la técnica. En la mayoría de los casos, las personas quieren experimentar con nuevas técnicas y, aunque no sepan muy bien cómo funcionan, entran con mucha naturalidad dándose cuenta rápidamente del valor que aportan.

- **Ejercicio 1: Contacto con el campo morfogenético (Rupert Sheldrake[43])**

Pasea por el espacio en que nos encontramos y experimenta cómo te encuentras. Experimenta con estar en diferentes sitios del espacio. ¿Cambia algo para ti? ¿Qué cambia si también tienes en cuenta a las personas que te rodean? ¿Cómo te afecta?

Ahora elige un lugar concreto. ¿Qué pasa si das un paso? ¿Este sitio es mejor, peor o igual? ¿Qué pasa cuando vuelves a la primera posición? ¿Qué ha cambiado? ¿Qué es igual?

Ahora desde esta posición conecta con el espacio y después con las personas que te rodean.

Formamos parejas y nos ponemos uno al lado del otro, ambos mirando de frente. ¿Qué ha cambiado para ti? Percibe también la diferencia entre el lado donde tienes a la persona y donde no tienes a nadie. ¿Qué cambia para ti si os cambiáis de posición? (Si estabas a la izquierda de una persona, ahora ponte a su derecha).

Busca otra pareja y repite el ejercicio. ¿Las sensaciones son las mismas o cambia algo para ti? Juega también con la distancia, un poco más o un poco menos puede marcar la diferencia.

---

43 Rupert Sheldrake es un escritor, bioquímico y biólogo británico, conocido principalmente por sus investigaciones de la resonancia mórfica.

Terminamos el ejercicio compartiendo sensaciones y reflexiones.

- **Ejercicio 2: Mini configuración sistémica - mis dos cerebros**

Es un ejercicio que inicialmente puede generar muchas risas, pero te animo a que te lo tomes en serio y que estés muy pendiente de las señales que te está dando tu cuerpo.

Nuestro cerebro posee un lado izquierdo y un lado derecho. Algunos estudios afirman que el derecho representa las funciones más de sentir y el izquierdo las de pensar.

Para el ejercicio nos organizamos en tríos. Rotamos dentro del trío para que cada persona pueda experimentar el ejercicio. Tenemos tres roles: el cliente, una persona que representa el cerebro izquierdo del cliente y otra que representa el lado derecho del cerebro del cliente. Se ponen en un triángulo, el cliente con sus dos lados de cerebro enfrente suyo.

HEMISFERIO IZQUIERDO	HEMISFERIO DERECHO
Verbal	No verbal
Abstracto	Analógico
Temporal	Atemporal
Secuencial	Emociones
Sigue directivas	Holístico
Símbolos	Visualiza
Basado en la realidad	Fantasioso
Asociación auditiva	Al azar
Expresión oral	Formas y patrones

HEMISFERIO IZQUIERDO	HEMISFERIO DERECHO
Simbólico	Creatividad
Lineal	Expresión artística
Lógico	Intuitivo

En silencio nos permitimos meternos en el papel (aunque no vamos a actuar, únicamente a sentir). El cliente hace contacto en silencio con sus dos cerebros a ver qué sensaciones le llegan. Después de un tiempo podemos invitar a cada parte del cerebro a decir algunas palabras basándose en las sensaciones que le han llegado. No interpretamos; simplemente ponemos palabras a las sensaciones que nos llegan.

Este ejercicio puede durar cinco-diez minutos por persona. Una vez terminado un turno, el cliente les da las gracias a sus compañeros y los invita a salir de su rol de representantes para que puedan prepararse para la siguiente ronda.

Existen variantes de este ejercicio, como por ejemplo no comentar quién es tu cerebro izquierdo ni el derecho, para que los representantes puedan trabajar del modo más limpio posible sin juicios e interpretaciones, ya que desconocen lo que representan. Al final simplemente intercambiamos sensaciones.

El objetivo de los dos ejercicios es simplemente familiarizar a las personas con el pensamiento sistémico y afianzar su capacidad intuitiva y sensorial.

Descripción del proceso

En el siguiente diagrama, describo brevemente un COCS con configuraciones organizacionales. Los siguientes pasos cubren las fases del proceso PIVOTA:

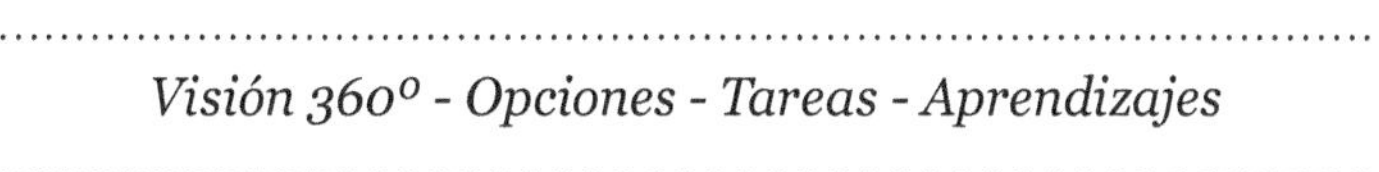

Visión 360° - Opciones - Tareas - Aprendizajes

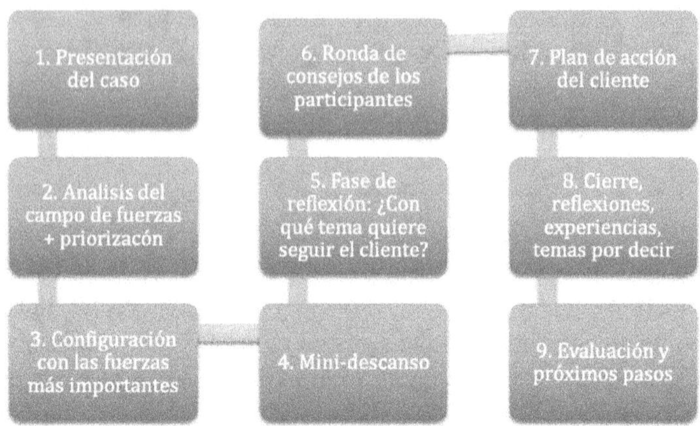

Algunas notas aclaratorias para cada paso del proceso:

1. Presentación del caso: preguntas útiles en este momento son:
    - ¿Cuál es la situación?
    - ¿Qué quieres conseguir?
    - ¿Qué pasa en la actualidad?
    - ¿Cuándo ha empezado?
    - ¿Cómo sería si estuviera resuelta la situación?

2. Análisis del campo de fuerzas: basado en la teoría de Lewin, en este paso los participantes ayudan al cliente a identificar los elementos presentes en el campo de fuerzas. Preguntas útiles en este paso son:
    - ¿Cuáles son las fuerzas represoras que impiden el cambio que buscas?
    - ¿Cuáles son las fuerzas y palancas impulsoras que te ayudan a alcanzar tu objetivo?
    - ¿Cuáles de las fuerzas son internas (pertenecientes al cliente) y cuáles externas (dependen del entorno del cliente)?

- ¿Cuáles son las más importantes a nivel impacto?
- ¿Cuáles tienen mayor grado de dificultad para reducir su impacto?
- ¿Cuáles son más claras y cuáles necesitan ser evaluadas?

3. Configuración sistémica: basándose en el análisis anterior, el cliente elige las fuerzas más importantes y asigna una fuerza a cada participante disponible para representar dicha fuerza en la configuración, en la cual está presente también un representante del cliente.

   El cliente coloca a los representantes de las distintas fuerzas, así como al representante de sí mismo, en el espacio siguiendo su intuición. El guía COCS pide a los distintos representantes que verbalicen las sensaciones que obtienen en su rol. Después los invita a buscar una nueva posición que le resulte más cómoda. Nuevamente realiza una ronda de preguntas a los representantes para que compartan sus sensaciones.

   Durante la configuración, el cliente se limita a observar y no interviene hasta el final, cuando puede preguntar y aclarar alguna de las declaraciones de los representantes. También es el momento de experimentar con alguna hipótesis que al cliente le gustaría probar. Incluso puede ocupar el sitio que ocupa su representante para vivenciar en primera persona lo que ocurre en su configuración.

4. Mini-descanso: las configuraciones sistémicas traen mucha información para el cliente y a veces pueden conllevar muchas sensaciones para los representantes. Por ello propongo en ese momento tomar un pequeño descanso

para recomponerse y coger fuerzas para la siguiente parte de la reunión.

5. La fase de la reflexión: sobre la base de su tema inicial y las informaciones nuevas sacadas de la configuración sistémica, se invita al cliente a compartir con el grupo qué le ronda por la cabeza y en qué pregunta, tema, reflexión quiere poner el foco para avanzar en su caso. El cliente termina esta fase expresando su necesidad.

6. Ronda de consejos: igual que en el COCS tradicional, este es el momento en el que los participantes pueden dar su opinión y aconsejar al cliente qué podría ser un buen siguiente paso para él. El cliente no entra a valorar o discutir las propuestas formuladas, se limita a escuchar y, obviamente, si no entiende alguna de las propuestas puede pedir que se lo aclaren.

7. Plan de acción: en esta fase el cliente escoge alguna o algunas ideas que han sido propuestas por los participantes y da forma a lo que aplica a su plan de acción. ¿Qué va a poner en marcha en los próximos días? ¿Qué va a hacer diferente? ¿Qué va a hacer nuevo? ¿Qué va a dejar de hacer? son algunas de las preguntas que podemos formular para ayudarle de aterrizar su plan al máximo.

8. Cierre y reflexiones: la reunión está llegando a su fin y es el momento de hacer una ronda para preguntar si, en referencia al caso que se ha trabajado, aún hay vivencias o reflexiones que se quieran compartir entre todos.

9. Evaluación y próximos pasos: igual que en una reunión COCS tradicional, los participantes evalúan el proceso de trabajo del grupo, revisan el método aplicado, las dinámicas entre ellos e identifican temas que podrían mejorar para las próximas reuniones.

EVALUACIÓN DE UNA NUEVA TÉCNICA

Volviendo a uno de los objetivos principales del método COCS, el aprendizaje, a la hora de introducir nuevas técnicas, es fundamental evaluar su funcionamiento y su eficiencia, al igual que su eficacia.

Termino este capítulo con algunos consejos de cómo puedes evaluar de forma eficiente el uso de una nueva técnica en una reunión COCS. Puedes realizar la evaluación desde cuatro perspectivas diferentes: evaluación del guía COCS, del método, del funcionamiento grupal y desde la perspectiva del cliente:

- Perspectiva del guía COCS: ¿Cómo se ha sentido con la nueva técnica? ¿Qué ha aplicado bien? ¿Qué puede mejorar la próxima vez?
- Perspectiva del método: ¿Hemos descubierto la fortaleza de la nueva técnica o nos hemos dejado algunas posibilidades sin aprovechar? ¿Hay variantes que podríamos aplicar en esta técnica? ¿La volveremos a practicar en una próxima reunión?
- Perspectiva del grupo: ¿Qué nuevas perspectivas, experiencias y aprendizajes nos ha traído la nueva técnica? ¿Cómo ha contribuido a los resultados de nuestra reunión?
- Perspectiva del cliente: ¿El método ha aportado a la hora de avanzar con tu caso? ¿Recibiste suficiente apoyo e ideas gracias al método? ¿Qué funcionó para ti y qué podría ir mejor?

En mi opinión, para que puedas conocer todo el potencial de una técnica es necesario practicarla más de una vez. Es como ver una película: la primera vez te haces con la historia y te formas una opinión respecto a ella. La segunda vez te percatas de detalles que no viste en la primera. Es verdad que si la primera vez te quedaste con una sensación muy mala, la probabilidad de que repitas es baja, razón de más para prepararte bien cuando quieras experimentar con una nueva técnica.

6. IMPLEMENTAR COCS EN ORGANIZACIONES

En este capítulo explico cómo puedes implementar COCS en empresas. La primera pregunta que surge es en qué tipo de empresas se puede introducir y en cuáles es mejor esperar. Existen condiciones necesarias para que lo puedes hacer con éxito. Te explico como es el proceso de implementación y qué dificultades puedes encontrarte. Termino el capítulo con algunos casos prácticos de aplicación de COCS en empresa.

EMPRESAS ADAPTATIVAS Y RESILIENTES

Seguramente habrás escuchado el término japonés Kai-Zen: «Hacerlo mejor mañana que hoy», que en castellano tiene su homólogo en el refrán: «No dejes para mañana lo que puedes hacer hoy». Al final de cada día de producción, grupos de trabajadores se juntan en los llamados círculos de calidad para discutir qué se podría mejorar al día siguiente. Una característica importante de estos grupos es que en ellos no hay jerarquía entre los participantes.

COCS se ha inspirado en el concepto Kai-Zen, el pensamiento en calidad, grupos de autoayuda y la consulta entre pares. Por varias razones, desde los años 90 se ha renovado el interés por esta forma de aprender en muchos sectores.

La primera causa que ha originado este movimiento es la internacionalización y el boom de la tecnología. Ambos elementos han hecho mucho más compleja la gestión empresarial. También las tareas de los empleados se volvieron más complejas. El nivel de formación aumentó exponencialmente y entre estos trabajadores del conocimiento surgía cada vez más la necesidad de desarrollarse profesionalmente en el trabajo. «O te renuevas o te quedas obsoleto» es una expresión un tanto agresiva pero que contiene mucha verdad en la actualidad.

Igual conoces la expresión «competencias efímeras», que son competencias, muchas veces digitales, que uno aprende pero que en muy poco tiempo (menos de dos años) dejan de ser útiles porque la tecnología cambia. ¿Cuál sería el precio de que Recursos Humanos se encargase a decirte lo que tienes que aprender? Probablemente, por falta de tiempo, conocimiento y recursos no llegarían a tiempo, lo que tendría un impacto enorme sobre tu empleabilidad. La única manera es que cada persona se responsabilice de su propio desarrollo ya que cada uno sabe mejor lo que puede necesitar en cada momento. Otra cosa es que tenga la motivación para conseguirlo.

También la gestión de Recursos Humanos está cambiando a gran velocidad con fenómenos como los equipos auto-gestionados, el empoderamiento y la organización aprendiente (P. Senge). Todas son evoluciones que ponen a las personas en el centro de la organización. Esto precisa dotarlas de herramientas que les permitan funcionar eficientemente en este nuevo entorno.

El COCS ha demostrado ser un método eficaz para ello y ahora es una parte fundamental en el aprendizaje en las organizaciones. Gracias a este método, los empleados se auto-responsabilizan de su propio desarrollo y lo hacen en compañía de sus compañeros. Eso sí, los tiempos en los que el departamento de Recursos Humanos hacía *push*[44] con sus programas formativos han terminado. Gracias al COCS, los empleados hacen *pull* y, basándose en su propia motivación, se desarrollan. Bienvenidos al mundo en que cada persona se hace responsable de su propio camino y ruta de desarrollo.

Hoy en día se habla mucho de empresas adaptativas y resilientes. Una empresa que quiere ser competitiva necesita ser ágil y adaptarse a un entorno en cambio constante. Para ello necesitan acompañar a su activo más importante: las personas. La mejor inversión para que una organización sea sostenible, es generar espacios para que los equipos puedan seguir desarrollándose.

CONDICIONES NECESARIAS PARA IMPLEMENTAR COCS EN EMPRESAS

Aunque la metodología COCS ha mostrado aportar mucho valor añadido, no tiene cabida en todas las organizaciones. Existen culturas que se benefician de su implementación y otras que simplemente lo hacen inviable. Por ello, aconsejo, cuando sea posible, realizar un diagnóstico de la cultura antes de implementar COCS en la empresa en cuestión. Esto nos ayudará a implementar la nueva filosofía de trabajo con más garantías de éxito. En el anexo 5 incluyo un documento que puede guiarte en este análisis preliminar. Si observas demasiados números bajos, revisa la viabilidad del proyecto.

A continuación explico algunas de las condiciones más importantes y necesarias a la hora de implementar COCS en una organización.

---

44   Terminología del mundo automovilístico. *Push*: fabricar según la demanda y *pull*: fabricar según las necesidades del cliente lo que necesita y cuando lo necesita. En Recursos Humanos, *push* es ofrecer programas de formación que pensamos que necesitan los empleados y *pull* es dejar que el empleado tome la iniciativa para mostrar sus necesidades.

Mindset de desarrollo

El COCS es para personas que quieren desarrollarse y para organizaciones que quieren mejorar la capacidad de aprendizaje de sus empleados. Sin este *mindset* corremos el riesgo de que el proyecto arranque con mucha ilusión, pero con el tiempo se desinfle para desaparecer sin pena ni gloria. Nuevamente necesitamos el compromiso de la dirección, primero dando el ejemplo y segundo mostrando la voluntad de poner a las personas realmente en el centro de la organización.

El camino del desarrollo no es un camino fácil. Ojalá fuera suficiente seguir algún curso, pero la realidad es más compleja. El desarrollo tiene que ver con cambiar nuestra forma de ver las cosas, y para ello primero me tengo que convencer para luego empezar a experimentar con nuevas formas de actuar. Cometeremos errores y nos toparemos con la frustración. Para que COCS pueda funcionar óptimamente hace falta un tratamiento positivo del error. Verlo como una oportunidad de aprendizaje y no para castigar.

Capacidad de acción por medio de la influencia y el cambio

El COCS es especialmente adecuado para aquellas personas que pueden influir en el desempeño de su propio puesto de trabajo. Es necesario que el cliente tenga la capacidad de cambiar algo realmente respecto al caso que trae. De lo contrario simplemente generaremos frustración ya que con la información obtenida en el COCS nada podrá cambiar.

Además, corremos el riesgo de que el COCS se convierta en un momento de terapia grupal pero sin posibilidad de cambio. Es muy parecido a los corrillos que se forman alrededor de la máquina de café en los que se expresan frustraciones y quejas pero que luego no llevan a ninguna solución. En el COCS se persiguen acción y cambio.

Motivación, confianza y apertura

Está demostrado que se saca el máximo provecho de una reunión COCS cuando los participantes están dispuestos a abrirse y examinar críticamente su propio funcionamiento en el entorno laboral. Parece sencillo, en teoría, pero la realidad nos muestra que en este punto las personas solemos mostrar resistencias.

Hay varias razones detrás de las resistencias (que pueden mostrarse activamente o quedan veladas de forma pasiva). Las más importantes se basan en el miedo: miedo a hacer el ridículo, a quedar expuesto, a no parecer profesional, a no ser aceptado, a no saber y, por último, el miedo a la no confidencialidad. Es verdad que no es fácil descubrir cosas que no necesariamente nos gustan. De ahí la importancia de tener un guía COCS que cree este entorno seguro y vigile la confidencialidad. Por otro lado, anima a las personas a ser valientes y a tomar iniciativa. Gracias a este atrevimiento, las personas se dan cuenta de lo que les permite seguir creciendo.

Respeto e igualdad

Por supuesto, todo lo anterior solo es posible cuando existe un respeto mutuo entre los participantes del COCS. Respeto por los problemas de los demás y por puntos de vista distintos al propio. También es fundamental hablar desde la igualdad. Nadie es mejor que nadie. En el COCS hablamos de tú a tú.

No podemos olvidar que poner los problemas de verdad sobre la mesa cuesta. Me gusta la metáfora del mejillón: cuando está en el agua se abre para filtrar y llenarse de nutrientes. Ahora bien, cuando le retiramos el agua se cierra a cal y canto. En este sentido, el agua representa el respeto, pero no únicamente el respeto; el agua representa muchos más conceptos ya tratados en el punto anterior: la motivación, la confianza y la apertura.

Habilidades

Para que un COCS funcione de forma óptima, los participantes precisan de una serie de habilidades básicas como escuchar, resumir, parafrasear, hacer preguntas, dar y recibir *feedback*. Antes de arrancar un programa de COCS en una empresa es bueno entrenar a los participantes en las habilidades necesarias y en la metodología.

A pesar del alto grado de profesionalismo que las personas parecen poseer, a menudo es sorprendente cómo estas habilidades se han olvidado por el camino. Es verdad que todo el mundo sabe lo que es escuchar y hacer preguntas, pero la calidad de las mismas a veces impide tener sesiones COCS productivas. Rápidamente podemos desviarnos a realizar un tercer grado, una sesión de *mentoring* o los juicios que no permiten generar la claridad necesaria en el cliente.

Hay dos habilidades más que nos ofrece el trabajar con un guía COCS: mantener el foco y evitar la dispersión. Es muy común encontrar equipos que se auto-gestionan pero que en este punto flaquean ya que es fácil dispersarse y irse por los cerros de Úbeda. Un guía COCS está entrenado para en poco tiempo generar conversaciones de calidad que resultan en temas accionables. Está para atraer eficiencia al proceso.

Sin jerarquía

El COCS es especialmente útil si no existen relaciones jerárquicas dentro del grupo. No ayuda el que tu superior esté presente en el grupo. Imagínate la situación: «¡Te veré la semana que viene en tu evaluación…!». Lo ideal es poder juntarse compañeros para poder trabajar en confianza sin sentirse juzgado.

Obviamente existen excepciones a esta regla, pero en este caso habría que preparar muy bien al superior y al resto de participantes. De lo que tenemos que estar pendientes como guías COCS es de si el superior aporta o no durante las sesiones. Rápidamente se observa también el impacto que tiene la presencia de un jefe en el resto del grupo.

Tamaño del grupo

Un grupo COCS idealmente consta de seis-ocho personas. Esto asegura que todas sigan involucradas y que todas puedan participar. Si tenemos un grupo más grande, es necesario trabajar en pequeños grupos durante las diferentes fases del proceso. Así se aprovecha mejor el tiempo. Aunque se podría realizar una sesión COCS a partir de dos personas, es verdad que tienden a extinguirse por falta de casos e interacción.

CÓMO IMPLEMENTAR COCS

Algunos principios básicos nos ayudarán a implementar con éxito la metodología COCS en las organizaciones:

1. Realizar un diagnóstico cultural de la empresa.
2. Basándose en el diagnóstico, adaptar la propuesta a lo que es posible en la empresa ahora mismo. Dependiendo de la cultura, redactar un contrato formal o informal (ver detalles más adelante).
3. Involucrar desde el principio a la dirección de la empresa. Para que el COCS pueda triunfar (y no fracasar como el 70% de los proyectos de cambio), necesita incluirse en los objetivos estratégicos de la

empresa. Esto implica igualmente reservar los recursos económicos, tiempos de dedicación necesaria, un espacio dedicado, acompañamiento eterno o interno, etc.).

4. Generar un clima laboral donde aprender a aprender y la experimentación puedan tener lugar. Generar estabilidad y seguridad.
5. Los resultados de un COCS tienen que plasmarse en un PPA (Plan Personal de Acción) de los participantes. Buscamos la mejora profesional por medio de resolución de problemas y el desarrollo de competencias estratégicas para la empresa.

El contrato COCS

Como he mencionado más arriba, la cultura de empresa no ayudará a determinar si precisamos de un contrato formal dirigido o, por el contrario, un contrato más bien informal. Independientemente del formato elegido, es muy importante que se trabaje este tema al inicio de la implementación. Para la dirección, los empleados y los facilitadores es fundamental tener claridad sobre las expectativas y las reglas del juego.

Enfoque formal

Si trabajamos con una empresa más formal, muy bien estructurada, los contratos formales ayudarán a llevar el proyecto COCS a buen puerto. En este caso precisamos de tres contratos diferentes:

• Entre la parte contratante y el guía COCS: este contrato refleja quién el guía COCS, la frecuencia y la metodología aplicada. El contenido debe ser lo suficientemente transparente como para que pueda ser compartido con los participantes en el grupo COCS.

- Entre los participantes COCS y la organización: en este contrato se fijan los derechos y obligaciones de los participantes en el grupo COCS, así como la organización (horas, gastos, puntualidad, confidencialidad, etc.).
- Entre los participantes COCS y el guía COCS: igual que el contrato anterior, pero ahora entre los participantes y el guía COCS.

Enfoque informal

Este enfoque es muchas veces utilizado en culturas más abiertas y flexibles. Suelen ser organizaciones muy horizontales con menos capas de jerarquía. La palabra informal significa que no se firma ningún contrato, aunque sí se hace de forma verbal. Aunque con este enfoque nos adaptamos a la cultura de la empresa en cuestión, tenemos que estar vigilantes para que no sea una excusa por parte de las personas involucradas para eludir responsabilidades.

En la tabla siguiente puedes encontrar un ejemplo de un contrato informal que fue dibujado en un rotafolios en presencia de los participantes.

EXPECTATIVAS CON EL GRUPO	EXPECTATIVAS CONTIGO MISMO	EXPECTATIVAS CON EL GUÍA COCS
Aprender juntos: cada uno se responsabiliza de su propio proceso de aprendizaje.	Respetar tu privacidad y confidencialidad (poner límites).	Mantener la visibilidad, sobretodo el trayecto de formación.
Buscamos juntos soluciones e invertimos en buenos consejos.	Desarrollar tu empatía hacia los demás participantes.	Dirigir el proceso hacia resultados.
Cumplir compromisos (i.e. preparar, puntualidad, etc.).	Ser honesto sobre hechos y sentimientos.	Vigilar los límites (temas personales, no estamos en terapia, etc.).
El guía COCS acompaña el proceso, y nosotros somos responsables de las reuniones.	Comunicar abiertamente.	Promover la participación.
Igualdad entre nosotros.	Ser responsable (prepararme, tomar notas, PPA, etc.).	Dar *feedback* a los distintos roles y participantes.
Respetemos en la comunicación (escuchar, no interrumpir, indagar, etc.).	Evitar los juicios, el cotilleo, romper la confidencialidad, etc.	Respetar y confiar en los participantes.
	Respetar los compromisos adquiridos.	Inspirar hacia la autogestión.
		Saber jugar en distintos niveles.

Fuente: : J. Hendriksen[45].

DIFICULTADES CON COCS EN LAS ORGANIZACIONES

Como con cualquier método nuevo, podemos encontrar resistencias a la hora de implementarlo en organizaciones. Las resistencias de los participantes, que sobre todo están relacionadas con el miedo, las he detallado con anterioridad.

---

45   Jeroen Hendriksen es coach y formador. Es fundador de Hendriksen Consultancy y escritor del libro *Intervisie*.

En esta parte me gustaría focalizar en las resistencias del *management*, que es clave en el proceso. Si el *management* no apoya la iniciativa, pocas garantías de éxito tendremos.

Las resistencias podemos resumirlas en tres:

1. Al COCS no se le da un lugar dentro de la estrategia de Recursos Humanos. Si se considera una iniciativa suelta, carece de sentido y a la larga desaparecerá.

2. El miedo del *management* a que el COCS se convierta en una especie de terapia grupal en la cual la gente se dedica a criticar al *management* y a la empresa. De ahí la importancia de explicar muy bien lo que es el COCS. Es más, lo ideal sería que el *management* participara en sesiones COCS para vivir de primera mano la experiencia y entender qué y cómo se trabaja.

3. El *management* cortoplacista muchas veces tiene la creencia de que con medio día o un día de formación debería valer. No entiende que para provocar cambios sostenibles en las personas se precisa tiempo. Una ruta de seis-ocho sesiones les parece exagerada y prefieren concentrarse en resultados a corto plazo. No obstante, en el COCS se persigue el Aprendizaje del Bucle Doble (Capítulo 1), lo que genera *insights* más profundos, necesarios para los cambios en las personas y, por tanto, en los resultados de la empresa sostenibles en el tiempo.

¡Ojo con la sobre-estimación de COCS!

Aunque el COCS ha demostrado su alto valor añadido en procesos de aprendizaje individual y grupal, no sirve para cualquier situación o en cualquier momento. Yo, que me dedico también al *Team Coaching*, rápidamente me he dado cuenta de que COCS no es la mejor herramienta para resolver conflictos en el equipo. Por contra, lo que sí se puede hacer en un grupo COCS heterogéneo (es decir, no equipo natural) es que uno de los participantes quiera trabajar su capacidad de gestionar conflictos con un miembro de su equipo (que no está presente en el COCS, claro).

Tampoco sirve el COCS para trabajar un propósito común o identificar los valores de un equipo. Para ello es mucho más eficaz la herramienta del *coaching* de equipos. Y volvemos a la esencia del COCS, que es una herramienta que tiene como principal objetivo el aprendizaje y el crecimiento personal gracias al grupo. En el *coaching* de equipos generalmente buscamos el aprendizaje grupal enfocándonos en problemas que afectan a todo el equipo y no tanto al individuo.

Hace un tiempo trabajé con un grupo de *middle managers* y hubo mucha confusión al inicio. El objetivo del trabajo era instruirlos en la herramienta de COCS para poder mejorar como individuos, pero rápidamente nos dimos cuenta de que en este colectivo, al no disponer de un foro común entre ellos, la necesidad más importante en ese momento era poder tratar temas que les afectaban a todos, como por ejemplo, la entrevista de evaluación y el sistema de bonus.

Nuevamente surge la importancia del guía COCS, que tiene que tener la suficiente habilidad para leer el grupo, así como tener las herramientas adecuadas para poder atender sus necesidades y, en caso contrario, tener la suficiente profesionalidad para proponer dejar las sesiones al no coincidir la utilidad de la herramienta con la necesidad del grupo.

CASOS PRÁCTICOS DE APLICACIÓN DE COCS EN EMPRESA

Aquí siguen dos casos reales de aplicación en entorno organizacional. Los dos primeros casos son presenciales y el tercero en la modalidad *online*.

Caso 1: «Puedo con todo…. o no»

Guía COCS: Susana Anduiza Rubio
Modalidad: Presencial

El caso que presento es real y se llevó a cabo en un equipo de personas de distintas áreas dentro de la misma compañía. Siete participantes presentes incluida la voluntaria (el cliente).

Se pide a una persona voluntaria que tenga un caso que no está sabiendo resolver y que brinde al grupo mirarlo de manera conjunta. La persona voluntaria inicia agradeciendo al equipo su tiempo, el que estén con ella para escucharla desde las condiciones que previamente se fijaron en la alianza: respeto, no interrumpir…

Fase Iniciativas. Exposición del caso

«Llevo más de tres meses en que quiero llegar a todo y no llego a nada. Me está costando dormir y llego cansada. Me levanto y solo la idea de venir al trabajo, bufff…».
«No paran de darme trabajo y la gente no hace lo que tiene que hacer y al final estoy harta de hacerlo yo porque no llegamos. Me pone nerviosa la gente porque no paran de darme cosas y me están descolocando. Mi jefe además no me ayuda y me saca de quicio. Él no se ocupa. Me repatea que no ayude en nada. Es una sensación de que no estoy donde tengo que estar».

Fase Visión 360º. Ronda de preguntas

Aquí es importante que, independientemente de que a cada uno le hayan ido surgiendo sus preguntas al escuchar el relato, sepan lanzar una pregunta que quizás no sea la que tenían pensada pero que puede hilar con la respuesta que entrega el voluntario, de modo que ayude, sobre todo al inicio, a profundizar y conocer mejor el caso.

Se generaron preguntas para entender mejor la situación:

- «¿Cuánta gente trabaja contigo?».
- «¿Cómo es tu día a día?».
- «¿Qué labor desempeñas?».
- «¿Cómo les transmites lo que tienen que hacer?».
- «¿Qué has hecho hasta ahora para resolver este malestar?».
- «¿Cómo te está afectando en tu vida personal?».
- «¿Cómo te organizas con tus hijas y con tu marido?».
- «¿Qué has hecho hasta ahora para resolverlo?».
- «¿Qué te aliviaría dada la situación?».

En ese momento el guía COCS está atento para que las preguntas sean preguntas abiertas: preguntas que inicien con un qué, cuándo, cómo, a qué te refieres con…

El guía COCS cuida de que no se entreguen preguntas con la respuesta ya implícita: «¿No te parece que sería mejor…?» «¿No has considerado hacer…?», y cuando escucha alguna así, que suelen ser la mayoría hasta que ha entrenado la competencia, felicita por el mensaje de la pregunta a la persona que la lanza y pide que sea reformulada como una pregunta abierta.

Es muy impresionante la conciencia que este acto aporta al equipo. Cada uno de los participantes se da cuenta de la dificultad que tiene para hacer preguntas abiertas y cómo la dinámica de las conversaciones, en términos generales, tiende a proponer y dar soluciones antes de escuchar bien el tema. Este es un gran aprendizaje.

El guía COCS pide a los participantes que vayan anotando las respuestas que entrega la voluntaria para que cuando entreguen sus conclusiones puedan aportar las palabras exactas que utilizó la voluntaria y en las que se basaron para sacar sus conclusiones y, en base a ello, hacer propuestas de intervención.

La voluntaria expresa que tiene una situación complicada en casa con su padre, que está enfermo con cáncer en otra ciudad diferente a la suya de residencia. Va a ser operado y ella no sabe cómo hacer para organizarse con sus dos hijas porque su marido viaja toda la semana. Su madre también tiene problemas de salud y no puede acompañarla a la operación. Ella no ha comunicado la situación a su jefe porque siente que no tiene la confianza y tampoco su equipo.

Fase Opciones

Una vez finalizada la ronda de preguntas, se juntan en pequeños grupos de tres y la voluntaria se da la vuelta en el círculo donde se encuentran los participantes alrededor de ella, y se queda en silencio. El objetivo es darle un tiempo para su propia reflexión mientras el equipo comparte sus reflexiones y debate sobre mejores opciones.

La experiencia nos muestra que el solo hecho de escuchar preguntas poderosas nos lleva directos a la reflexión, a extraer alternativas, y desarrollar conciencia. Asimismo, el hecho de que ella pueda estar escuchando a los grupos conversar sobre lo que han escuchado puede también abrirle nuevas posibilidades. Al mismo tiempo favorecemos el aprender a parar para reflexionar y sentir lo que nos ocurre.

Cada uno de los grupos debate y saca conclusiones sobre lo escuchado con el objetivo de entregarle el diagnóstico de la situación y qué opciones proponen que lleve a cabo. Un portavoz por grupo le entrega sus conclusiones. El guía COCS cuida mucho el que estas devoluciones se hagan apoyadas en datos, frases concretas que la voluntaria ha dicho: «Cuando dijiste...», «Esto nos hace pensar...».

Algunas conclusiones:

- Su frustración con su jefe diciendo que no le ayuda cuando ni siquiera está informado de la situación en la que se encuentra ni de las necesidades que está teniendo. Expectativas no fundamentadas.
- Muestra su frustración y enfado hacia el equipo cuando siente que este tampoco la ayuda y ni siquiera está al corriente de sus necesidades. La emocionalidad que transmite es negativismo y no fuerza para llevar a cabo los proyectos.
- Siente culpa por dedicar más tiempo a su trabajo que a las necesidades personales y está volcando el no saber gestionar de manera saludable su situación personal en el entorno laboral, a la espera de que ocurran cosas que no ha favorecido y entregando información para que algo ocurra y que ni siquiera ha pedido.

Recomendaciones:

- Informar a su jefe de los titulares de su situación personal.
- Aprender a pedir ayuda y hacerlo.

- Cuestionar el juicio de que estar cerca pasa solo por estar físicamente ahí. Contemplar la posibilidad de que hay otros medios de estar presentes que no requieren la presencia física dado que de momento no le es posible estar, y que también son muy efectivos (Facetime, videollamada WhatsApp) y hacerlo a diario con sus hijas.

La voluntaria no tiene que juzgar si las interpretaciones y propuestas de acción que le entrega el equipo son correctas. Se limita a escuchar y quizás hacer alguna pregunta para asegurarse de que entiende bien lo que le devuelven.

El cierre se hace escuchando a la voluntaria respecto a cómo se ha sentido, qué cosas le han servido, qué posibilidades nuevas ve para intervenir y qué compromisos quiere adoptar con el equipo.

En este caso fue muy valiosa la aportación del equipo porque pudo tomar conciencia de cómo se estaba situando en una posición de víctima. Estaba esperando que su jefe hiciera, su hermano hiciera, su marido hiciera... y se dio cuenta de que no había favorecido que pasara porque ni había entregado la información ni lo había pedido. Se dio cuenta de que es su modo de operar en otras situaciones.

Fase Tareas

Tomó el compromiso de hablar el jueves con su jefe para explicarle brevemente la situación y disculparse por algún episodio que había tenido fruto de su frustración, que le estaba haciendo sentirse culpable ahora que lo veía desde otro prisma. Asimismo, iba a comenzar a poner en comunicación a las niñas y a ella misma con su padre todas las noches un rato por videollamada de WhatsApp para sentirse cerca y liberar su culpa de no estar. Aprender a estar de otro modo y en la medida de las posibilidades actuales. Y por último iba a pedir permiso a su jefe cuando fuera la operación para desplazarse.

Finalmente, la voluntaria agradeció a cada uno de los participantes su tiempo y su aportación y el haber facilitado la escucha y la oportunidad de pensar de manera múltiple.

El guía COCS inició una ronda de preguntas para analizar el proceso desde el punto de vista metodológico. Qué cosas habían aplicado, cuáles habían sido las áreas de dificultad y qué aprendían de la interacción.

Fase Aprendizajes

Concluyeron con los siguientes desafíos:
- La dificultad para, cuando la persona entrega el caso, no dar la solución sino hacer preguntas abiertas con el objeto de conocer mejor la situación.
- La dificultad para cuando otro compañero da su punto de vista, no interrumpir y juzgar la situación buscando tener razón.
- Seguir el hilo de la indagación para profundizar en el tema. Quiero lanzar mi pregunta, que igual no tiene nada que ver con lo que se está exponiendo, pero es mi pregunta.
- El entrar en la reunión sin contexto: ir directos al tema sin ni siquiera saber cómo está el otro.
- Hacer preguntas que pueden ser útiles, pero que igual incomodan a la persona voluntaria.

Caso 2: Reorganización y (des)motivación

Guía COCS: Niko Stammes
Modalidad: presencial

Fase Iniciativas. Exposición del caso

«Algunas personas no pueden seguir después de la reorganización de aquí algunos meses. Lo queremos comunicar ya pero ¿cómo las mantengo motivadas mientras tanto?».

Fase Visión 360º. Preguntas y conclusiones

En la ronda de preguntas se dio cuenta de que mostraba un comportamiento de evitación entre este grupo de empleados. No se atrevía a mantener conversaciones para saber si podían con las nuevas funciones o no. Simplemente insistía en mantenerlos a bordo. Cuando eso no pareció funcionar y la motivación de estas personas disminuyó, se irritó. Esta irritación pareció traducirse en comportamientos más críticos.

Fase Opciones

Durante la reunión, los participantes fueron capaces de cambiar la atención del lado del proceso del caso hacia el lado más personal. El grupo le mostró un espejo para verse a sí mismo para darse cuenta de que en realidad estaba evitando el contacto.

Indagaron en el sistema de creencias del directivo para descubrir lo que había detrás del proceso de evitación. Pensaba que las personas debían ser más profesionales y más transparentes a la hora de comentar sus capacidades obviando el proceso emocional por lo que estaban pasado. Esto le generaba inseguridad e irritación.

Fase Tareas

Con la nueva información, eligió tener una conversación más directa con los empleados sobre su desempeño y su nuevo rol. Esto llevó a decisiones completamente nuevas.

Fase Aprendizajes

Este ejemplo muestra que la pregunta que trae el cliente siempre tiene un lado profesional y otro personal; profesional porque partimos con un enfoque en el trabajo, y personal porque hablamos de cómo se gestiona el tema profesional.

El COCS a menudo implica un dilema que puede abordarse de distintas maneras. Son precisamente estas las que dan libertad de elección. Tener más claridad acerca de esto es un resultado típico de una reunión COCS. Solo cuando el *manager* se dio cuenta de que él mismo era inseguro, mostraba un comportamiento de evitación y ya no se comunicaba con su gente, pudo tomar nuevas decisiones.

Caso 3: Teletrabajo y rendimiento

Guía COCS: Jan Vos
Modalidad: *online*

Fase Planteamiento

El caso se desarrolló en el seno de un Comité de Dirección de una empresa multinacional. El equipo se compone de ocho personas y nos encontramos en pleno periodo COVID, así que organizamos la sesión de forma *online* por medio de una plataforma de videoconferencia.

Después de una ronda de presentación de casos, eligen democráticamente en qué caso quieren invertir tiempo y energía. Además, este grupo está en la fase de ser auto-gestionado, por lo que invitamos a uno de los participantes a ocupar el rol de guía COCS. Yo me quedo de observador para al final devolver *feedback* sobre el proceso, el grupo y el rol del guía COCS.

Fase Iniciativas. Exposición del caso

Director General: «Me preocupa que en estos tiempos COVID, en que tenemos a la gente trabajando en sus casas, cómo vamos a controlar a las personas con un rendimiento bajo. Creo que debemos traer a toda la plantilla cuanto antes nuevamente a la oficina».

Fase Visión 360°. Ronda de preguntas

Se generaron preguntas en un inicio para entender mejor la situación:
* ¿Qué es bajo rendimiento?
* ¿Cómo controlamos ahora mismo a estas personas?
* ¿Cómo afecta al rendimiento el teletrabajo?
* ¿Cuál es el precio de traer a toda la plantilla de vuelta de la oficina?

- ¿Cuáles son los beneficios obtenidos con el teletrabajo?
- ¿Cómo afectan las personas con bajo rendimiento al negocio y al resto?
- ¿Qué te preocupa realmente de este asunto?
- ¿Cómo ves la relación entre rendimiento y teletrabajo?
- ¿Cómo sabrás que la situación está bajo control?
- ¿Cómo gestionar personas con un rendimiento por debajo de la media?
- ¿Qué es el control, para qué sirve y cuál es su precio?

Gracias a las preguntas anteriores, el director general se da cuenta de que necesita poder controlar la situación y que le provoca cierta ansiedad no poder controlarlo todo.

Fase Opciones

Algunas conclusiones:

Ha sido importante distinguir entre el rendimiento de las personas y el teletrabajo. Aunque están relacionados, proponen realizar un análisis más profundo de la situación y, sobre todo, no generalizar, ya que depende mucho de cada persona. Además, muchos factores influyen en este asunto así que es necesario un debate más profundo.

Recomendaciones

Surgen algunas sugerencias de parte del equipo:

«Igual tenemos que ser más disciplinados en la empresa», «Tenemos una cultura muy permisiva y el bajo rendimiento igual no lo abordamos con suficiente claridad», «Puede haber gente que piensa 'Aquí no pasa nada...'».

«Por otro lado, deberíamos replantear también nuestras conversaciones de evaluación y rendimiento. Tenemos que ser más claros en cuanto a nuestras expectativas, diseñar objetivos personales y luego darles un seguimiento más cercano y regular».

Fase Aprendizajes. Concluyeron los siguientes logros y desafíos

El guía COCS inició una ronda de preguntas para analizar el proceso desde el punto de vista metodológico: qué cosas habían aplicado, cuáles habían sido las áreas de dificultad y qué aprendían de la interacción.

A nivel del proceso se han dado cuenta de que el grupo está logrando trabajar de forma autónoma. Existen la necesaria confianza y transparencia entre sus miembros para poder tratar temas un poco más delicados o personales. También están aprendiendo muy bien el rol del guía COCS siguiendo la metodología de forma correcta. Por último, la calidad de las preguntas y la escucha activa han mejorado mucho.

El reto será cómo encontrar la disciplina de mantener el grupo sin la presencia de un facilitador externo al mismo. El día a día suele absorber toda la atención de los participantes corriendo el riesgo de hacer desaparecer, si nadie coge la iniciativa, ese momento de compartir y poder hablar en confianza.

7. COCS AL SERVICIO DEL CAMBIO MUNDIAL - APLICACIONES

Como ya comenté al principio, espero que la metodología COCS pueda ayudar a abordar algunos de los retos actuales y futuros a nivel mundial. Si has llegado a esta parte del libro te habrás dado cuenta de que la metodología COCS tiene muchísimas aplicaciones y puede adaptarse a prácticamente cualquier contexto en el que se junten grupos de personas para trabajar para un mundo mejor.

Espero que muchas personas a estas alturas de la película se hayan dado cuenta de que tenemos que encontrar nuevas formas de actuar e interactuar. La crisis COVID simplemente ha acelerado muchos procesos que ya estaban en movimiento con anterioridad. Más que nunca ha quedado de relieve que la colaboración es la única manera de avanzar en este nueva realidad. Volver a las formas de antes no es una opción. Precisamos de nuevas herramientas para salir del caos y del cansancio general de la sociedad, y la mayoría empiezan por «CO-».

En el capítulo anterior me he concentrado sobre todo en la aplicación de COCS en las empresas. Quiero utilizar este capítulo para mostrar el potencial enorme que tiene la metodología en todos los ámbitos de la sociedad. Empiezo por el sector privado, más en concreto en los COCS extra-organizacionales, un formato que va mucho más allá que el *networking* tradicional o de compartir información. Se trata de poner el conocimiento colectivo al servicio de un grupo de profesionales, con intereses comunes, para impactar positivamente en sus entornos correspondientes. Después te explicaré las posibilidades que tiene el COCS en el sector público para terminar finalmente con las aplicaciones en el tercer sector.

SECTOR PRIVADO

Como ya he mencionado antes, las aplicaciones de COCS en el mundo empresarial son casi infinitas. Aparte de los ejemplos intra-organizacionales del capítulo anterior, me gustaría exponer dos ejemplos de COCS extra-organizacionales que están activos en la actualidad. Son iniciativas empresariales en las que colaboran profesionales de distintas empresas y actividades para seguir mejorando profesionalmente. Aunque algunos profesionales compiten por el mismo cliente, les parece más importante conectar con una visión a largo plazo, poniendo foco en la sostenibilidad.

Caso práctico 1: Colegio Oficial de Abogados de Países Bajos

Una de las funciones de un colegio profesional es velar por la profesionalidad de sus miembros. Una forma de conseguir esto es ofrecerles formación continua para que siempre están actualizados y adaptados a los tiempos que corren.

La formación continua del Colegio Oficial de Abogados de los Países Bajos está basada en dos ejes: la formación técnica (nuevas leyes, etc.) y la formación continúa relacionada con la práctica de la abogacía: casos, negocio, *soft skills*, etc. Para esta última parte, el colegio ha optado por la metodología COCS para que los abogados puedan actualizarse junto con sus compañeros de gremio, lo que convierte esta formación en dinámica y directamente aplicable a su profesión.

Todo abogado que ejerce en los Países Bajos está obligado a seguir unas 16 horas de formación al año para mantener su certificado oficial del Colegio de Abogados. COCS representa unas 8 horas al año dividida en 4 sesiones de 2 horas aproximadamente.

Para facilitar el acceso de los abogados al COCS se han organizado de forma muy práctica. Existen varias organizaciones[46] privadas que organizan las sesiones. Los guías COCS son igualmente abogados y formados en la metodología. De esta manera los abogados se sienten cómodos para hablar de sus temas ya que les guía un compañero de gremio. Además puedes consultar *online* diferentes grupos de trabajo de todo el país. Cada grupo se especializa en un tipo de derecho específico para hacer las sesiones lo más prácticas posible. Nuevamente se pone de relieve la necesidad imperante de garantizar la confidencialidad.

El resultado es claramente satisfactorio. Aparte de dar una imagen muy profesional, el colegio consigue un colectivo de abogados siempre actualizado y lo hace entre compañeros, convirtiéndolo en una experiencia muy práctica y agradable.

Imagínate ahora el potencial que tiene a nivel mundial. Si cada colegio de un gremio de profesionales, como abogados, notarios o psicólogos, tuviera el servicio COCS a su disposición, mejoraríamos como sociedad. Y no únicamente a nivel profesional sino también a nivel personal. Cuántos profesionales no se sienten solos a veces y a cuántos les vendría bien poder compartir en confianza con compañeros de gremio. Eso sí, de forma profesional y eficiente.

---

46   Una de las organizaciones es www.intervitair.nl

Caso práctico 2: HR-Space

Es una iniciativa española, que yo mismo, junto a otros profesionales como Clara Auffray[47], estamos impulsando. Está enfocada en la innovación de los Recursos Humanos en las empresas. Es verdad que la función de Recursos Humanos tiene mucha necesidad de reinventarse, de transformarse. Nuevamente, muchas formas de hacer se han quedado obsoletas o simplemente no funcionan.

HR-Space consiste en un eco-sistema de profesionales de los Recursos Humanos que quieren ayudar a reinventar su gremio y adaptarse al nuevo mundo del trabajo que está manifestándose. El teletrabajo, las nuevas generaciones, la digitalización, son solo algunos de los retos a los que los Recursos Humanos se están enfrentando. Utilizamos la metodología COCS en el marco de un programa más amplio para abordar estos retos.

La propuesta consiste en:
- √   6 directores de Recursos Humanos
- √   6 meses de trabajo de forma híbrida
- √   6 temáticas de Recursos Humanos Los contenidos de cada sesión se concretan y se deciden junto a los participantes.
- √   6 testimonios de referentes en la materia. Traemos invitados para inspirar al grupo con casos de éxito real.
- √   6 sesiones Discovery. Exploramos juntos un reto propuesto por todo el grupo. Lo trabajamos con técnicas novedosas como Lego Serious Play, plataformas *online* como Miro, etc.

---

47   Clara Auffray es consultora, *coach* y formadora. Es fundadora de www.limbus-go.es

√   6 casos prácticos que traen los participantes del programa para que los trabajemos con la metodología COCS.

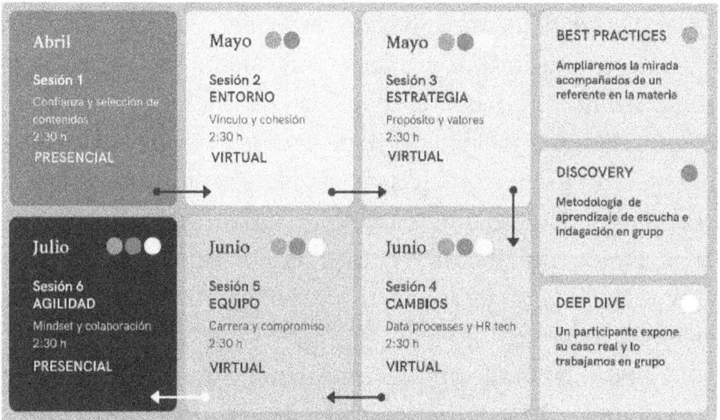

Tabla de programa COCS Recursos Humanos.

SECTOR PÚBLICO

Aunque personalmente aún no he facilitado ningún grupo COCS en el sector público, detecto una gran necesidad de esta herramienta para colectivos del mundo de la educación, sanitario, así como de la política. Solo falta pensar en el impacto del COVID en este sector para darse cuenta de que les vendrían muy bien nuevas formas de trabajar basadas en la cooperación, la escucha activa y la creatividad para encontrar soluciones a problemas a los que nunca se habían enfrentado.

Obviamente no podemos pretender que las escuelas se adapten al formato digital en cuestión de semanas, pero ahora sería un momento fantástico para usar la experiencia colectiva del profesorado para determinar qué funciona y qué no funciona tan bien. Es evidente que la tecnología influye, pero hay muchos otros elementos que impactan en la calidad de la enseñanza.

Imagínate lo que podrían aprender, los unos de los otros, si juntásemos a médicos, enfermeras, celadores, personal administrativo y de seguridad de distintos hospitales, comunidades, e incluso de otros países. Hay mucho conocimiento entre el personal sanitario basado en su experiencia real que podría ser intercambiado por medio de un COCS. Tendríamos que liberar recursos para hacerlo posible, pero el potencial de mejora para la situación actual y las futuras es impresionante.

Sí he colaborado en una iniciativa de desarrollo local en Torrelodones basada en los principios de COCS. Gracias a Sholeh Hejazi[48], impulsora del *coworking* La Solana, fuimos capaces de poner una semilla COCS que ya ha dado su fruto y se ha materializado en LAB Torrelodones.

Caso práctico: LAB Torrelodones

Se establece en el año 2019 el espacio LAB, Laboratorio de Aprendizaje Colectivo de Torrelodones, promovido por la concejalía de Desarrollo Local junto con el Centro de Co-working La Solana, el Instituto para el Conocimiento, la Gobernanza y el Desarrollo Globales, y los empresarios de ese municipio.

La idea es la búsqueda de un desarrollo local sostenible donde las organizaciones civiles y las instituciones públicas vayan de la mano para conseguir que los negocios salgan fortalecidos como resultado del intercambio de conocimiento,

---

48   Sholeh Hejazi es cineasta y se dedica al documental creativo y al ensayo poético. Es director de www.amaranta.tv

donde se haga partícipes a los empresarios en las políticas de desarrollo local. Todo esto y más ocurre en estos encuentros, que ya empiezan a dar sus frutos.

La creación de cuatro grupos de trabajo:
- √ Grupo 1: Empleabilidad. Inmobiliario, Consultoría y Emprendimiento
- √ Grupo 2: Salud. Salud y deporte
- √ Grupo 3: Comunicación y educación
- √ Grupo 4: Arte y cultura

Puedes encontrar más información en la web del ayuntamiento www.torrelodones.es

TERCER SECTOR

Por último, me gustaría también vislumbrar el potencial del COCS en el tercer sector, el sector de las ONG y las asociaciones.

En tiempos de crisis, las ONG sufren especialmente, ya que el resto de la sociedad está en modo de supervivencia y no siempre les presta la atención necesaria. Las ONG, en vez de mirar cada una por su lado pueden aprovecharse de la metodología COCS para juntar muchas cabezas pensantes y encontrar nuevas fórmulas para seguir trabajando en su propósito y presta ayuda a colectivos que muchas veces quedan en el olvido.

Otra asociación que tiene la filosofía COCS muy integrada es BCorp[49]. Su director general, Daniel Truran[50], lidera un movimiento global de personas que utilizan la fuerza de los negocios para generar un impacto positivo. Las empresas B Corp son un nuevo modelo de empresas que equilibran el propósito social y los beneficios económicos. Incorporan un requerimiento legal para tener en cuenta en la toma de decisiones a sus trabajadores, clientes, proveedores, comunidad y medio ambiente. Tienen el foco puesto en la sostenibilidad, tema que ya no nos puede dejar indiferente.

---

49   www.bcorpspain.es

50   Daniel Truran es director genera lde ebbf - B Corp Ambassado y- profesor en escuelas de negocios así como cofundador de Impact Hub Madrid.

ANEXOS

ANEXO 1: CHECKLIST PREPARACIÓN REUNIÓN COCS

TEMAS A TENER EN CUENTA	HECHO
Grupo invitado - agenda - confirmaciones	
Sala reservada	
Sala preparada	
Casos a preparar	
Feedback sobre progreso última reunión	
Otros temas:	

ANEXO 2: RESUMEN REUNIÓN COCS

Fecha:
Sitio y hora:
Guía de la experiencia:

TEMAS	COMENTARIOS
Cliente - tema	
Calidad proceso	
Aprendizajes proceso	
Plan de acción	
A tener en cuenta para la próxima reunión	
Eco grupal	

ANEXO 3: REFLEXIONAR SOBRE EL FUNCIONAMIENTO DEL GRUPO COCS (F. BANNINK)

1. En una escala de 0-10, en la que 10 significa un funcionamiento óptimo del grupo y 0 lo contrario, ¿dónde considero que está el grupo?
2. ¿Qué hace que le asigne este número y no uno más bajo?
3. ¿Qué nos gustaría mantener y no hace falta que cambiemos?
4. ¿En qué número me gustaría que estuviera el grupo en un futuro?
5. ¿Cómo sería? ¿Qué haríamos mejor o diferente?
6. ¿Cuáles serían las señales/indicadores de progreso?
7. ¿Cómo podemos subir de número?
8. ¿Quién va a hacer que se consiga esto y para cuándo?
9. ¿Cómo vamos a celebrar los progresos?

ANEXO 4: REFLEXIONAR SOBRE EL FUNCIONAMIENTO PROFESIONAL DEL GUÍA COCS (F. BANNINK)

1. En el caso de volver a mantener la reunión, ¿qué haría igual?
2. En el caso de volver a mantener la reunión, ¿qué haría diferente o mejor?
3. ¿Qué dirían los participantes sobre lo que podría hacer diferente o mejor?
4. ¿Qué diferencia marcaría para ellos? ¿Y para ti?
5. Imagina que en una reunión futura se presenta un caso parecido, ¿qué herramientas usarías y cuáles no?

6. En una escala de 0-10, ¿cómo de satisfecho crees que ha quedado el cliente con mi rol? ¿Y el grupo?

7. ¿Qué diría el cliente sobre cómo conseguiste estar en este número?

8. ¿Qué diría el cliente sobre cómo puedo subir en esta escala?

9. En una escala de 0-10, ¿cómo de satisfecho estoy con mi rol?

10. ¿Cómo sería estar un punto más alto en la escala?

11. ¿Qué o quién(es) me puede(n) ayudar a subir?

12. ¿Qué factores positivos puedo resaltar de esta reunión?

13. ¿Qué información útil he recibido del cliente?

14. ¿Qué competencias o características tiene el cliente?

15. ¿Qué quiere conseguir el cliente en este contacto conmigo?

16. ¿Cuál sería para el cliente el mejor resultado?

17. ¿Qué competencias tiene el cliente para resolver su caso?

18. ¿Qué ayuda de su entorno aprovecha ya el cliente? ¿Cuál puede aprovechar más?

19. ¿Qué información o sensación tengo del cliente que puede ayudarle a formular su objetivo?

20. ¿Qué veo en el cliente que hará que consiga su objetivo?

21. ¿Cómo verán mis compañeros que he logrado mi objetivo?

22. ¿Cómo reaccionarían? ¿Qué diferencia supondría para ellos?

23. ¿Cómo sé que voy por buen camino? ¿En qué lo noto?

24. ¿Cómo sabrá el otro que voy por buen camino?

25. ¿Cuáles son los indicadores de estar por buen camino?

26. ¿Cómo sé que lo estoy haciendo bien?

27. ¿Qué temas de mi vida profesional me gustaría mantener?

ANEXO 5: DIAGNÓSTICO IMPLEMENTACIÓN COCS (J. HENDRIKSEN)

1 = NO PRESENTE 2 = POCO PRESENTE 3 = PRESENTE 4 = MUY PRESENTE	DESCRIPCIÓN	1	2	3	4
Compromiso dirección: • Visión • Enfoque humano • Contexto sociedad • Plan, recursos financieros • Dan el ejemplo					
Motivaciones participantes: • Voluntario - obligado • Enfocado en resultados • Enfocado en aprender y profesionalizar • Existen promotores • Trabajo en red					
Aprender a aprender: • Redes de aprendizaje presentes • *Mindset coaching* presente (incluso entre pares) • Existe la reflexión • Existen las habilidades necesarias • Existe un modelo de *mentoring* • Hay momentos formales e informales de aprendizaje					
Seguridad: • Se permite el error • Entendimiento mutuo • Seguridad y confianza • Espíritu crítico • Enfocado en hacer cosas juntos • Creatividad					

Flexibilidad:
  • Gestión de la incertidumbre
  • Gestión de crisis
  • Gestión del cambio
  • Espacio para la inspiración/suerte					

Cultura de empresa:
  • Creencias grupales
  • Valores compartidos
  • Disponibilidad a cambiar (¿Dónde?)
  • Supuestos					

AGRADECIMIENTOS

Quiero agradecer a mi mujer Maripaz todo el apoyo. Las palabras se quedan cortas a la hora de intentar describir qué significa tenerla a mi lado.

Recordando a la persona que puso la semilla del proyecto, una mención especial para Martine Kestens, siempre aportando. Gracias.

También agradecer a dos compañeras de viaje que me han animado a seguir y sobre todo a mejorar: Clara Auffray y Gurutze Acha, un placer poder seguir creando.

Quiero mencionar a Iñaki Pérez y Luc Van der Horst por la amistad y estos cerebritos que han puesto al servicio de este proyecto.

Seguro que me olvido de personas pero agradecer también a Martín Redigolo, María Antonia Mora, Sholeh Hejazi, Rocio Alonso, Ernesto Calvo, Cristina Fusté, Joaquín Gómez, Paloma Sánchez-Cano, Luis Angulo, Daniel Truran, Isaac Martin, Eva María Martin, Fernando J. López Monterubio, Nuria Sánchez, Pablo Asla, Arturo Sanpedro, Belén Bejarano, Susana Anduiza, Beatriz Alcala y Miguel Buzeta por las numerosas ideas aportadas haciendo este libro más completo y conectado con la realidad empresarial.

BIBLIOGRAFÍA

- BANINCK, FREDERIKE. *Positieve Supervisie en Intervisie.* Editorial Hogrefe. 2012.

- CARDON ALAIN. *Coaching de equipos.* Gestión 2000. 2003.

- DÍAZ-BERRIO DÖRING, ADRIANA Ph.D. *El grupo de codesarrollo: clave de tu éxito porfesional.* www.createspace.com. 2015.

- HECKSCHER, CHARLES. *The Collaborative Enterprise.* Editorial Yale Univeristy. 2007.

- HENDRIKSEN, JEROEN. *Handboek voor Intervisie.* Editorial Nelissen. 2009.

- HENDRIKSEN, JEROEN y BRASSER, ANJA. *Organisatieopstellingen binnen intervisie.* Editorial Nelissen. 2010.

- MACADAM, RODODNEY y HAZLETT, SHIRLEY-ANN. *Business Improvement: Integrating Quality, Innovation, and Knowledge Management.* Editorial Routledge; N.º 1 edición. 2009.

- MORGAN, JACOB. *The Collaborative Organization.* Editorial McGraw-Hill. 2012.

- OWEN, HARRISON. *Open Space Technology.* Editorial Berret-Koehler.2008.

- SENGE, PETER. *La quinta disciplina.* Ediciones Granica. 1990.

- Senoner, Georg y Rosselet, Claude. *Enacting Solutions.* Editorial LediPublishing. 2013.

- Stravos, Jakie y Torres, Cheri. *Conversations Worth Having.* Editorial Berret-Koehler. 2018.

¿QUIERES SABER MÁS?

Si quieres saber más sobre la metodología y su puesta en práctica, puedes consultar la web www.cocreactionspace.com. Visítanos y encontrarás herramientas, noticias y actividades de nuestra comunidad.

KOLIMA
BOOKS